U0109552

浮生遊蹤

丘瓊華　著

自序

人生如夢，韶華若水：樂觀、進取、勤儉、休閒，生活宜有規劃。

作者退休後，為增益見聞，調適情趣，乃有美、歐、日、泰、新及故國（大陸）之旅遊。蒭蕘文詞（分遊記、詩詞兩部分），寫景有：「我看到了層雲的變幻無窮，添上那陽光的色染，雲霞竟是或藍、或白，淺灰的、金黃的；如蛋清、如火紅……。」「美麗烟波洛麗萊，翠堤古堡與垠垓。」懷人的有：「情柔茱麗葉，夢斷密歐癡。」詠物的有：「巍峨彼得教堂前，壯麗廣場許願泉。」「多瑙河曲浣玫瑰，布達佩斯小巴黎。」將各國各地的人文、景物、建築、風俗……，細緻描摹，冀求記憶自娛，或供讀者欣賞品味。

今將拙著「浮生遊踪」付梓；自慚學薄修淺，枯梔之處，尚祈指教。

目次

詩詞篇 / 225

遊記篇

壹、故國遊記

故國重遊、桑梓會親追憶

弁語

1987年八月，我政府基於人道，對開放國人前往大陸探親，積極進行研究。九月十八日內政部完成大陸探親草案。九月二十一日閱聯副一楊子專欄：「淚眼相看」之文後，中心悽楚有感，吟句如下：

不是不返鄉，返鄉怕斷腸；
睽違四十載，　我寧願斷腸！

十月十四日執政黨中常會，通過大陸探親原則。十五日內政部宣布赴大陸探親辦法，並請紅十字會承辦。十一月二日，中華民國紅十字會接受申請。

從此，八九批的老鄉、親友，陸續的返里回台。我那望穿秋水，夢魂相繫的八十一歲的胞姊，七十餘歲的三嫂，以及子姪們的往復魚雁函催，且言我退休閒居，不必為銀錢阿堵煩惱，只盼望早日重溫四十年，骨肉乖違之手足情

誼……。我在思考感念之餘，與審慎策劃之後，乃有1988年六月二十二日起程，七月三十一日返台之故國重遊，桑梓祭祀會親之行。

如今，不揣譾陋無文，謹將經歷之各地風光概況，記述於后：

桂林

桂林山水甲天下：「山」似乎更老了；「水」也清癯泫淺了！

陽朔風光甲桂林：風光雖然依舊，然而往事畢竟如煙。

六月二十四日十九時三十六分，我們一行三十九人一編為XT－0607的團體，偕著大夥旅客，乘坐CA3036號中國民航波音737班機，於二十時五十分抵達燈光昏黯的桂林機場。出關時，一般旅人排隊在藍線；我因為帶了免稅三大件（電視等），便在紅線上等候；關務人員態度和藹，瞭解是探親台胞之後，迅速讓我通過。

我們住入漓江路一號「桂林國際飯店」。這是一家接待外國旅遊客，和港澳台胞的綜合性服務飯店：有精緻優雅的小園林，有大陸南疆壯族的地方特色。內部採西式裝潢、富麗高雅：有金碧輝煌的大廳，有寬敞舒適客房和套間，放置了彩色電視、冰箱和電話（帶衛生間副機）。床頭櫃有中央音響控制的分類選擇器。

飯店裡的餐廳、宴會廳、舞廳、酒吧間的燈光柔和，附設商場，出售中國傳統書畫及工藝美術品：琳瑯滿目。

二十五日早餐後，我們乘遊覽汽船，沿漓江順流而下，自桂林至陽朔一段，八十二公里的蜿蜒碧水之上，欣賞兩岸那一座座，讓古聖先賢騷人墨客，吟誦流連的奇岩秀峰。我們經過象鼻山、穿山、磨盤山、望夫石、冠岩……。往日的急流：順水的船舳，會像脫弦之箭，竄行於亂石之間；還有無數的暗礁，也使舟子提心吊膽！如今為了觀光事業的拓展，將所有的險灘危石，完全疏理炸毀，並築堤修垻，調節江水，使之常年可以通航，同時便利兩岸的農地灌溉；觀光外滙之收益，自然與年增加了。

漓江河面寬廣，水量充沛而含沙極少，同時啟碇的幾艘汽船，若近若離地、平穩悠然地緩慢駛行，途中偶而遇見三五上溯返航之汽船，彼此揮手致意，十分愉悅。

漓江的興坪一帶，漁民的小舟或竹筏之上，立有五六隻魚鷹——鸕鷀……。偶而看到漁民指揮的鸕鷀，在河上飛快地潛入水中，啣著魚兒回到舟筏；或啄瞎追捕的草魚大眼睛……如此特殊的漁獵風情，令人回味無窮！

陽朔地段的石灰岩峰，青蔥蓊鬱和桂林柔潤的山巒各有情趣：尤其是雲霧迷濛時候，或暮靄黃昏之際，那些山峰：肖鯉魚、九馬狀、蓮花形、琴台、伏波、紗帽、玉筍……。或赤壁陡削、或蒼翠奇兀、碧綠巒臥……。此時江風徐來，仰望晴空的雲霓變幻，俯視水流的清濁曲折，聆舟子之船歌，看村童之游泳。三五友人倚舷設席，高斟淺酌，吟詩長嘯，真是「桂林山水甲天下」：「山」似乎更老了；「水」也清癯泫淺了！「陽朔風光甲桂林」：風光雖然依舊，然而往事畢竟如煙！

二十六日上午，我們專誠前往「天下奇觀」。被譽為「大自然藝術宮」的蘆笛岩。步入這瑤池仙境的勝地，幾日來的旅途勞頓，溽暑情結，隨著岩洞裏的氣溫而沁涼舒適，飄飄欲仙。我們順著曲折雅致的人工道路，緩行欣賞：前後左右全是奇奇怪怪的岩石，應該說是「鐘乳石」（俗稱石筍）。走約二十來步，黃小姐尖叫一聲，大家循聲而望：一隻金毛巨獸在樹林草叢之側，傍岩睨立，威勢撼人。導遊說，這是蘆笛岩奇景之一的「億載雄獅」。左轉前進十幾武，數丈寬廣的紅紗薄綢，自蒼穹飄下谷底，壑深不知，微聞流水潺潺。這是蘆笛奇岩之二的「紅艷綾幔」。右折轉旁，眼前一亮，數十丈巍峩的「盤龍寶塔」，拔地矗立，五彩霞光，絢麗極了。坡道下行，左拐右穿，我們到了「太虛瀑布」：那雪白的巨幅懸濤，自臨空的綠林深處，若萬馬奔馳的下傾，轟隆之聲，動魄驚心。上了坡道，繼續前行，到達「蘆笛廣場」，面積宏大，估計比美國維吉尼亞州，古城威廉斯堡附近的勞蕾（Luray Caverns）鐘乳石洞的音樂廣場，要大幾倍！彎曲前進再右轉，扶鋼梯步登八階，憑欄眺望由極高處下垂的「紅羅寶帳」，上截的金黃和下段的淡紫，以及兩側的一些或藍、或紅的石筍烘托，真正瑰麗極了。順斜道邁進，又一批遊人徘徊在大理石欄杆處，注視著

頂住蒼穹的「鐘乳雙柱」，黃鐙鐙聳立，由四面八方的彩色燈光映耀閃鑠！

第七奇景，我命名為「江南水鄉」：遠處是石峰萬仞，有的峰尖若飄浮在雲霓之上，稍遠之高矮石峰，彷彿是高樓大廈，近處是阡陌水田，倒映的右上邊廣大的蔚藍天空；那右上邊竟是翠綠與紅得迷人的彩色！

其餘八、九、十景，以及千千萬萬數之不盡的鐘乳石，或密或疏，或小或大，有的真像花朵，有的類似走獸飛禽，隨著你的想像而幻化，簡直神奇美妙，趣味無窮。

下午往遊疊綵山：她是由干越山、四望山、仙鶴峰和明月峰組成，聳立於漓江右頟。你若斜倚「桂林大橋」瞻仰這座山石橫斷，樹影苔痕相疊，如層層錦緞的秀麗山峰：就是遊人如織的「疊綵山」。山中往昔多植桂樹，每當秋月皎潔之季，也是「桂子飄秀」時分，滿山芬芳，所以又稱「桂山」。山麓傍江之側，闢有一所小公園，亭榭、花圃之外，還有一棟四層的琉璃寶塔。循石道走至「疊綵門」前，那幅對聯：「到清涼境；生歡喜心」渾厚的書法，自然讓你神閑意定，悠哉悠哉。穿過園徑，晉入「伏波晚棹」第二道門，又是一處園苑榭，遊人很多。循階轉折在一棟樓閣之後，前進三十多步，登階上至一所大坪，遊客比肩接踵，偕眾仰首欣賞：沈尹默的「疊綵山」題字，以及「不願作神仙；願作桂林人。」的陳毅詞語。

山腰近處的石階路上，建了一座巍峨美觀的紅漆憩駐亭座，柱柱書刻古文辭賦。再上十多步，路側之岩壁鐫有茅盾的無題詩：「偶遣吟興到三秋，未許閑情賦遠遊。羅帶水枯仍繫恨，劍鋩山老豈剸愁。摶天鷹隼困藩溷，拜月狐狸戴冕旒。落落人間啼笑寂，側身北望思悠悠。」

山上有風洞，入洞有清風徐來，登山之溽暑，至此如入冷氣廳堂。洞中另有「石室」，因為時間關係，我未進去。過「望江亭」，俯視漓江美若圖畫。再往上兩百多階抵「明月峰頂」。這是桂林市區最高山峰，頂坪有「拿雲亭」，倚亭柱望那白雲繚繞，彷彿伸手可以摘拾。看遠山近水，俗念俱化；鳥瞰市區街道樓屋，以及附近之田園村落，幾乎忘了下山時間。

如詩如畫的桂林，早在秦始皇統一全國，廢封建，立郡縣，就有「南置桂林象郡」記載。唐代李靖，更全力修築城池，遍植桂樹。明、清置府治。民國二年（1913）為廣西省政府所在地曾一度遷往邕寧。民國二十五年以抗日戰爭，又將省會遷回桂林。民國三十八年，中共廢省，改省銜為「廣西壯族自治區」，將省治設在南寧。又將桂林市二十二平方公里的面積，擴展為五十四平方公里，置陽朔，臨桂兩縣與秀峰、疊綵、象山、七星、市郊五區，目前人口計三十三萬。桂林向為廣西東北部重鎮，自古以來中原和嶺南之間，遇有戰爭，這裡就成了兵家必爭之地。太平天國，洪楊軍

興，也是由此浮湘而進，直下長江。桂林的客貨運輸，除了漓江之外，有湘桂黔鐵路，以及四通八達的公路，航空也往返於香港、廣州、北京、上海與廈門等地。生產之蔗糖、茶油、桐油、苧蔴、竹紙有大量外銷，因此，工商業都很發達。

第二晚，我偕團友數人漫步市區，買些桂林馬蹄（荸薺）及一些風景照片。品嘗了當地著名的「三花酒」。陳黃二君，各叫了一客小碗「馬肉米粉」，他倆吃完那熱、辣、鮮香的滋味後，直向我豎起大拇指，讚美不絕！

昆明

六月二十六日下午三時半飛抵昆明，乘冷氣遊覽車逕駛西山龍門。

西山座落於昆明西郊，距市區約二十六公里。原名碧雞山，為華亭、太華、羅漢、碧曉諸山總稱。海拔二千五百多公尺，山脈連綿四十多公里。自遊覽車廂遠眺西山，形狀睡佛，俗名「臥佛山」。又因為她宛如霓裳仙子，慵起斜躺在滇池湖畔，所以又稱「睡美人」山。

峭壁懸崖上雕鑿「龍門」兩字

遊覽車在西山的峰巒間，隨著崗陵的起伏蜿蜒盤旋駛行。可能是國際觀光風景區，道路設施甚佳，車行十分平穩。沿途古樹參天，鬱鬱蒼蒼，又為規模宏大之森林公園。在蒼翠茂密的叢林裏；在高峰深壑飛泉峭壁間：有鑿石創建於元、明、清代之華亭寺、太華寺、三清閣等等古剎琳宮，那晨鐘暮鼓與木魚誦經之聲，隨自樹梢竹葉拂來的清風，飄蕩遊人耳際。閒步入寺，在香煙裊繞中，禮瞻金身神佛之餘，欣賞前庭後院之山茶、杜鵑、玉蘭、海棠……你必悟空神情，拈花而笑。

徒步蛇行，或傴僂而上巖磴，終於到了渴望至久的龍

門。別急著歇憩，更不要忙著飲「可樂」，看那壯觀偉岸的峭壁懸崖上，巨匠鑿雕的華表龍門：四柱二脊的琉璃綠瓦下，漆紅大理石額匾，鏤金的「龍門」二字，可讓你喜悅心定：它不同於四川、洛陽、江西的龍門；也有異於水經注、一統志所寫之龍門：眺望俯視那煙波浩瀚的滇池，深深體會那石崖上所刻詩句：「仰笑宛離天五尺，憑臨恰在水中央」的凌虛飄渺之樂。滇池又名昆明湖，面積三百四十平方公里，湖岸線全長一百五十公里，是我國第六大淡水湖，素有「高原明珠」之譽：金馬、碧雞二山，東西夾峙；水源來自盤龍、寶象、海源、金汁等大小二十多條江河，向西南流出為螳螂川，下游普渡何，注入金沙江：集觀光灌溉、發電等功能。青山環湖，湖濱則盡是綠野田疇，堪比江南魚米之鄉；旭日霽月，氣象萬千，物產之佳，風光之美，幾與洞庭鄱陽相埒。倚大觀樓遠眺西山，有時蒼翠齊雲；有時迷濛若隱，雲蒸霞蔚，碧波盪漾。約伴偕友乘坐遊艇，或棹小舟，寄情於山水之間，暫享高原湖上欸乃之樂。

遊覽龍門，欣賞滇池之餘，乘車循原來公路駛往金龍大飯店。遊覽車行駛中，導遊劉先生操一口京片子，介紹風物名勝，如數家珍，滔滔不絕。下到山麓，轉駛大道之際，雷聲隆隆，烏雲驟至，俄而傾盆大雨。這位導遊興奮地感謝我們這一批可敬的台胞，在旅遊探親之會，為苦旱三個月的昆明，帶來了這如金銀、似玉漿的甘霖。

世界第八奇觀－石林

次日早餐後，我們遊世界奇觀之一的石林。雲南是我國地理形勢複雜的省份之一，山地高原約占全省面積百分之九十三，山間散落之盆地僅有百分之六。由於滇西縱谷的褶曲地形，和東部雲貴高原的溶岩地貌，以及高溫多濕的熱帶季風型氣候，產生了許多地質奇觀：石林特多，還有元謀的土林，中甸線的白水台和騰衝的火山等等。

遊覽車在石林山麓：路南縣轄，距昆明市東南方一百二十公里處，讓大家下車步行進入石林區，兩旁和曲折大道的前方，全是石柱毗連，疑似來到原始森林。入口處高達數十公尺的龐大岩壁，標銜珠紅「石林」二字。往前二十幾步，一座高十多公尺、寬二十公尺，陡峭嶙峋的「石屏風」迎面矗立。繞過屏風草坪和道旁大樹之後，每走兩三步，便有一組組或一塊塊嵬嶢崢嶸的石峰石林，光怪陸離，千型百態，有的像刀槍劍戟，武士駿馬；有的像飛禽走獸，或奔或跳，使人目不暇給。這片土地距今二億七千萬年以前，原是滄茫大海，經過多個時期的地殼變化和造山運動，與受海洋潮汐和含碳酸水的溶蝕、沖刷，以及大自然風化，造成如斯奇景。絡繹於途的遊人，懷著尋幽探勝的勃勃興致，在石灰岩的峰壁石隙間，徐步欣賞。那一大片石林裏，有翠竹招風，古榕撩雲；還有晶瑩泉水滙儲的「劍峰池」，曲折池欄幾十丈，

池面距石林石壁之寬幅不等，廣處當有十多丈，窄的也有三四丈，池水澄清，游魚可數。

石林勝景之面積四十多萬公畝，目前已闢為遊覽區的約一千二百多公畝。巖石森林多羣峰屹屼，配襯著崗巒壑谷中的古樹桂藤，崖下奇花異卉，真是千障疊翠。石林中央最高峰頂有「月明樓」，憑欄俯視，分辨不清哪些是「石灰岩石林」；哪些是真正的「古樹森林」：萬笏千丈，蒼鬱幽翠，堪稱是「世界第八奇觀！」。

順著曲折的階梯石徑，或行或憩，步經石林泉上的一座石橋，進入一棟石室，那「盤古」開天闢地時的石壁廳堂中，有天然石凳連根而生；室頂的圓穹透天石窗，灑落一地陽光，映耀那掛垂的石鐘乳，閃亮奇幻，令人嘆為觀止。

陳圓圓的禮佛金殿

離了石林，遊覽車折回北駛去「金殿」訪勝。

金殿位於昆明北郊鳴鳳山（俗名鸚鵡山），離市區十一公里。山巒上松柏蓊鬱，茂林疊翠，遊人絡繹循山麓石階，拾級而上，瀏覽一天門、二天門和三天門這些道觀禪院之後，就到了遠近馳名的「金殿」。

這座巍峨精致的金殿，曾是吳三桂愛妾陳圓圓居所的禮佛殿堂：整棟美侖美奐，雕鑄絕倫的飛簷畫閣的兩層建築；無論瓦、柱、牆、屏、門、窗、匾、聯、和神像等等，全是雲南特產：會澤銅澆鑄而成。據說：大殿重量有兩百多噸，殿高六米五，殿旁豎立七星旗和桿也是銅鑄的。銅殿基座和四周護欄是大理石雕砌的。但是，我瞻仰欣賞之餘，喟然告訴導遊：「奧地利（Austria）因斯布魯克（Innsbruck）1767年留下的「金屋頂」，有人說是鍍金的；也有人說是包金的；總是維護得「金頂」輝煌，光華耀眼。……」劉先生雙手一攤，無奈地說：「……希望你下次來時，可以看到「金殿」的映日光芒！」

金殿四周園地，仍有明代栽種的茶樹和古紫薇花，每至花期，那古幹枝椏，豔紅飛白，甚是醉人。此刻大約午後三時，風定雲間，導遊要我們注意枝頭的美麗紫薇花兒，他略伸右手輕微地摸搔那骨幹脅部：只見成串的花朵，竟顫動閃避似地輕盈顫動搖蕩！：這罕見的奇觀，遊客一致嘖嘖讚嘆。

專車續向北駛五公里去遊覽黑龍潭。

黑龍潭座落於昆明北部五老山麓，也有人稱龍泉山麓。森林邃密，古木參天，有此泓深難測之寒潭。相傳：很久很久以前，有十條蛟龍作惡人間，呂洞賓降伏了其中九條，鎮壓在市內拓東古塔之下，留下一條馴良的小黑龍，囑牠為民謀利……，「黑龍潭」因此得名，我們潭邊瀏覽，清風自松柳竹篁間飄來，益覺潭水寒澈深碧，景致幽靜。黑龍潭水深據云十五米，每日出水量四百餘噸。潭畔寺觀多所，漢祠已

年久湮沒，已無跡可循，我們參觀的「龍泉觀」係建於明代，至今有五百七十多年歷史。

唐朝的梅花樹，據說是南詔時巴安和尚手植，如今主幹已經枯死，現在留下的枝幹，盤屈如鐵，半枯半榮，每屆破臘吐蕊，其挺拔傲岸，越顯古色古香。

宋代栽植院中之兩棵古柏，高聳二十五米以上，樹身約需四人牽手才能抱攏，枝葉繁茂，若憩坐蔭下石椅談心，或臥聽松濤蟬聲，荷風消暑，樂也何如。

歸時，至龍泉觀前的明墓—薛爾望先生墓前瞻仰……碑後文字，敘述清兵入滇，薛先生恥食清粟，率領全家投潭故事……。

昆明乃雲南省會，是一座風光明媚的高原城市，海拔一千八百九十四點七公尺，面積六千五百平方公里，有漢、回、彝、白、苗、哈尼等十二個民族，人口一百九十五萬。當我們遊覽車前往陽宗海的途中，導遊指著一棟舊式院落說：「那是當年飛虎將軍陳納德的房屋。……」我轉首定睛注視…………，飛輪卻絕塵而駛；留下幾分惆悵！

成都

六月二十八日正午十三時，雲錦平舖，驕陽晡峰之際，我在中國民航二五二〇客機靠窗座位，俯瞰泯江、沱江的滾滾南下，（大約十二時二十五分左右，座機曾自大雪山與峨嵋山東南側高空掠過：較近處是黛綠翠碧；遠處峰尖仍然是白雪皚皚。）李白之古樂府「蜀道難」有句：「……西當太白有鳥道，可以橫絕峨眉巔。……然後天梯石棧相鉤連。……黃鶴之飛尚不得過，猿猱欲度愁攀援。……蜀道之難難於上青天，側身西望常咨嗟！」如今，我舒適地坐在波音七三七客機上俯瞰沃野千里的四川盆地；孕育下的天府之國：四川的政治、經濟、文化中心的成都，衷心十分愉悅。

成都市又名錦城或蓉城，是四川省省會，中共將之劃為五區十二縣，總面積十二萬平方公里，總人口八百七十餘萬。（市區面積七十平方公里，現有人口一百五十七萬。）海拔五百公尺，年平均氣溫攝氏十七度：夏無酷暑，冬少冰雪，河渠密布，土壤肥沃，四季皆宜耕作，常年一片蔥綠；昭烈古都及唐代勝跡甚多，故有「川西平原的中心花園」之美譽。市區商賈雲集，經貿的確繁榮：無軌電車計有五線，雙節公共汽車穿梭往返，通衢大馬路上，綠蔭夾道，高樓矗立，我們住的成都飯店Cheng Du Hotel，是一座二十多層的國

際標準大旅社。

成都的鐵路有：寶成、成渝、成昆等三幹線交匯，而連接各國各地；公路網四通八達，密度是大陸之首；民航機場為大陸六大航空站之一，內陸航線有二十多條，客貨運輸居大陸前列。江河險灘之暗礁巨石多予炸毀疏濬，東去重慶循長江而下，可飽覽三峽風光。李白詩『「蜀道難」有：蜀道之難，難於上青天！』之嘆；如今，幾可改寫為：『「西蜀美」：西蜀之美，美如圖畫錦繡了。』

成都自古以來為我國商業著名都市之一，導遊說：「目前全市有各類大型貿易中心，和批發交易市場五十三個，各類批發企業一千多個。另外有農貿市場一千四百七十多所，及十三四萬家的商店行號。」民國二十四年時代，家兄曾在四川省政府民政所服務，返鄉省親，告訴我常去春熙大戲院看平劇……。當遊覽車緩緩經過人潮摩肩的春熙路時，舊式的樓房商店，和三十年代的馬路；任意駛行的腳踏車，以及行人道邊的小販和地攤，十分熱鬧；偶而仍可看到古舊的三輪車。大眾的交通除了公共汽車，還有無軌電車。在大陸各大城市駕駛車輛，你必須有深厚的耐性，因為大馬路上的行人多似落拓閑散，他們三三兩兩，邊走邊談，甚至過街踱方步也不在話下啊！

我們先去禮拜詩聖的寓處：「杜甫草堂」。杜甫為唐代襄陽人，世居杜陵，字號杜陵布衣。玄宗時獻賦待制集賢院；肅宗立，拜右拾遺。旋棄官，為避安史之亂，由陝、甘流亡至成都依劍南節度使嚴武，在浣花溪畔築茅屋、養魚、種花自娛，有詩句如下：「萬里橋西宅，百花潭此庄。」杜甫就在這裡住了約莫四年，在草堂中留下了二百四十多篇詩文。後人景仰前賢，就茅屋原址擴建，修築此「杜甫草堂」。有池苑百花，而浣花溪環繞緩流，水光瀲灩，十分幽雅。

我們晉入草堂正門，步上石橋，通過梅林，就是大廨、師史堂和工部祠。東西兩側有紀念館、展出杜甫詩集版本：宋、元、明、清的刻本之外，還有韓、日、英、法、德文版譯本，計一百二十多種。

我們轉往武侯祠，成都人皆稱「丞相祠堂」參觀。殿宇數進，皆高敞開朗，祠堂正中是諸葛先生坐像，羽扇綸巾，雍容安祥。敬禮之際，杜甫之詩縈顯腦幕：

「丞相祠堂何處尋，錦官城外柏森森，映階碧草自春色，隔葉黃鸝空好音。三顧頻繁天下計，兩朝開濟老臣心。出師未捷身先死，長使英雄淚滿襟！」

離了祠堂，自月洞門穿過花院矮牆，來到惠陵。先主劉玄德和甘、吳兩位夫人合葬於此，墓前的大香爐「神鼎」，竟與「漢昭烈帝之陵」碑石齊高。（我將應修之意告知導遊，彼有同感，且願將建議轉之有關單位。）偏殿供奉關、張、趙、馬、黃諸將領神像……。霎時之間，風雲際會的三國烽煙，浮縈腦際……！

這一帶的園林廣大幽雅，古柏參天；閑步徘徊時，遇一批成都體育學院應屆畢業男女學生數十人，請我替他們拍攝了幾張團體像，愉悅敘談了幾分鐘之後，珍重揮手而別。

遊望江樓之前，先去「薛濤井」。薛濤是唐代名妓，父親宦游逝於蜀，母孀居貧甚，乃墮樂籍。薛濤知音律，工詩詞，高雅端秀：時士韋皋、元稹、白居易、杜牧等嘗相與唱和……。古井深邃加蓋，建有高大之丹江紅標座牌坊：正中為「薛濤井」三字；左右有頌讚之詩文碑刻；四周圍以雅致護欄。相傳：薛濤曾汲井水，親製松花紙及深紅小彩牋，裁書供吟，酬獻賢傑，時號「薛濤箋」。因為井水清洌甘美，附近之人家和酒肆茶坊，都來汲取沏烹云云。遊覽之餘，不禁低吟：「寂寞空庭春欲晚，梨花滿地不開門！」

「望江樓」在成都東南郊，錦江邊的望江公園內，園內花樹翠竹，幽雅宜人。清代建築之崇麓閣、濯錦樓、吟詩樓各具特色。崇麓閣高三十多公尺，樓分四層，每層都有栩栩如生的彩雕圖畫：草花鳥獸和人物，活潑繽紛。登樓遠眺：那錦江蜿蜒東流，滾滾江水和遠山城郭，構成了一幅美麗畫圖。下樓走過幾處曲折迴廊，三三兩兩的四川大學的男女學生，捧著書冊在閱覽、或默誦，低首瞑目，無視於往來之旅客遊人。

午膳在「文君館」用餐。這家大飯店布置高雅。飲酒舉箸之餘，語告同桌：卓文君為漢卓王孫之女，有文學修養。

司馬相如飲於卓家，文君新寡，相如以琴心挑之，文君夜奔相如。後相如欲聘茂陵女為妾，文君賦「白頭吟」乃止。楊雄的故居則在青龍巷，劉禹錫在「陋室銘」提到的「西蜀子雲亭」就是故居之園苑一景。

寶光寺在成都市東北，寺廟殿閣多棟，園地寬敞：正門宏偉，左右鏤金門聯之上，橫額「寶光禪院」巨大金字。左側大門之額有「妙莊嚴路」金字；右大門之上是「慧眼常明」四字，也皆有門聯。院內左右偏殿及園苑之外，為五進殿堂，大殿供奉南無釋迦牟尼佛，前來膜拜之善男信女，比肩接踵，後殿額懸「一代禪宗」巨匾，遊人旅眾，虔誠瞻仰。寺內更有一座十三層的舍利寶塔，白牆黃瓦，每層的塔簷四角均懸一個風鈴，清風送來鈴聲，頻添幾許逸趣。別院方丈室前有天井花苑，門額懸「悅證菩提」方匾，入門之廳堂供桌上，有花果祭品，香煙裊繞於張大千先生繪畫之觀音大士神像前。方丈笑容接待；小沙彌導入拖鞋淨室，參觀那遠自日本迎回供奉之「玄奘法師」的舍利子。

三蘇祠為紀念眉山蘇洵、蘇軾和蘇轍父子三人地方，也是蘇家成都之故居。祠堂宏大，正門有膾炙人口之楹聯：「一門父子三詞客；千古文章四大家。」園林廣漠，曲折迴廊建築於湖塘之上，雲影波光，蓮葉甸甸，迴廊每兩折即有浮亭壹棟，硃紅大柱和護欄，還設了座位，遊人可小坐稍憩傾聽竹籟鳥鳴，俯觀游魚浮沉；或沏茶談心，或瞑目養神……。

四川以茶館多聞名；成都之茶館多而且大，男女老幼，盍乎興來：一碟瓜子、花生，或糕餅，大泡杯的濃茶；然後西漢東晉，天南地北地龍門陣一擺，總須個把小時；有些茶館還有說書、彈唱……；處處座客滿堂，確是奇觀。

清末明初，慈禧御廚黃敬臨，在成都開設店號「姑姑筵」，他兒子之店名「不醉無歸小酒家」，侄子的店叫「哥哥傳」，別的還有：「忙休來」、「食指動」、「頤之時」……怪異別緻店名。二十九日黃昏，我們曾漫步「人民路」的熱鬧街頭，偌大的馬路上，熙來攘往盡是人潮，行人道上排滿了腳踏車，甚麼「蜀都小吃」、「龍抄手」……都是比肩接踵的人們；電影院、戲院的看板前，人頭攢動；小販吆喝之聲，震耳欲聾……。

地陪引導我們參觀「成都市竹編工藝場」：這是特種工藝品專業生產工廠之一，主要生產「三友牌」瓷胎竹編和竹壓製品：技藝以竹絲之「細」見長；以竹絲編織之「精」著稱。瓷胎竹編工藝已有百餘年歷史，以江西景德鎮名瓷作胎，再用貓熊家鄉之竹，製成細絲編織其外，具有：選料精，特細絲，緊貼胎，密藏頭：編織精美，色澤雅致之特點，深受中外人士愛好，外銷日益擴大。

令人嘆為觀止的莫過「蜀繡」。蜀繡以薄絹作底，再用各色絲線，照圖刺繡。當我們參觀一所蜀繡廠時，每間工作室之男女，全神貫注地低首描繡。據說蜀繡成品有的要繡工一兩個月，有的長至半載一年。蜀繡薄似蟬翼：人物之真，光色之美，以及繡工之精，媲美「湘繡」有過之絕無不及，尤其是正面底面繡法一致，全無差異。標價之高殊令人咋舌；大若小屏風的，一幅售價美金六七仟元；簡易之手帕蜀繡，也得美鈔十五六元！

我們也去參觀「成都動物園」，主要是去看那譽為「國寶的貓熊」。貓熊居屋高敞寬大，屋後有小假山，大草坪，以及貓熊的爬梯和滑梯。我們等候約莫十多分鐘，手錶九點準時，單扉呀然開啟，只見那一對胖戇嘟嘟，全身雪白，只是兩隻小耳朵，兩個大圓眼和四肢，黑絨光澤的貓熊，迎著熙陽，懶慵慵地蓮步出來，或蹲諸草地相互嬉耍、翻滾；或遊繞假山彼此追逐，天真可愛，十分有趣。地陪說：『貓熊僅分布在大陸西部的四川、甘肅、陝西三省相鄰的竹林區，在此兩萬九千餘平方公里的土地上，只生存著一千多隻貓熊了！四川省和世界野生動物基金會合作，建立了「熊貓研究中心」，成立了二十四個巡邏隊，十五個醫療隊，另撥一百八十多萬人民幣，修建了七個救災飼養場和兩個治療所。至目前為止，每年救護了二三十隻瀕臨死亡的貓熊。1963年十月，北京動物園用冷凍精液，輸入雌貓熊子宮內受孕，成功地繁殖了第一隻「人工受孕貓熊」。爾後，各地動物園共繁殖了貓熊五十胎，成活二十七隻……云云。』

重慶

重慶是八年抗日戰爭時期的司令塔，全國軍民在「抗戰建國」與「十萬青年十萬軍」的號召下，我已嚮往了近半個世紀；終於1988年六月三十日九時，乘中國民航七三七班機抵達，下榻重慶大飯店「一六〇二」室。

重慶地當長江、嘉陵江及成渝、襄渝、川黔鐵公路交會點。水運炸除了礁灘，設置航標，開闢了川江夜航和天險烏江機動船航線後，千噸江輪往來武漢。航空可飛香港、廣州、上海、北京、武漢、昆明及成都各大城市。

重慶四周圍有高山，海洋季風無法抵達，因此霧季之後，幾無春天而稱「霧都」，便是酷熱難耐的夏天。七月一日上午十一時許，我們在冷氣遊覽車上時，街道上烈日燄炎，氣溫高至四十四度！人們謔呼：「中國第一火爐」一點不假。

重慶為歷史古城，宋代以後設府、路治。民國二十五年（1936）升為院轄市。中共佔領後降為省轄市，今設九市區十二縣面積二萬三千六百平方公里，總人口一千三百八十萬；市中心之人口為二百一十二萬。市區街道寬窄交錯多曲折，民房店鋪也多沿山坡建築，急峻如「十八梯」、「神仙口」……，石階層層，一似登山，肩挑工人到處可見。

「七、一」十時約莫，遊覽車在輻輳雜遝的通衢緩慢駛行，我們觀望市街兩邊的各色商店、公司或攤販的生意，進進出出，熙來攘往、幾若人潮；有穿短袖汗衫、藍色長褲，腳蹬拖鞋的；有披衫袒腹只著短褲的；有裸膊拉載貨板車的；赤腳揮汗挑菜的；也有穿薄綢短袖旗袍和白衣裙的女子，臨攤選物的；還有無軌電車，各行各類的貨車客車……，把十分寬大馬路上擠得蠕蠕移動。突然遊覽車熄火停駛，司機離座下車，車頭右側的道上，圍來了看熱鬧的人羣。探詢後才知道：我們的車擦倒了一位行人……。不久，來了警察，一面詢訊司機；一面要協助人員測量遊覽車和行人道的距離；還有兩位六十多歲的老人，（一女一男）右上臂套了紅布圈義務的「交通襄助員」，忙著勸散觀眾，並指揮其他車輛……。這次交通意外事件，浪費了一小時又四十七分鐘！

我們先去鵝嶺公園。公園在重慶半島尾端的「鵝項嶺」，北濱嘉凌江，南臨長江水，兩江蜿蜒曲折。「兩江亭」八層聳立，是重慶市的最高處，登樓眺望大江兩岸的黛綠遠山，近處的民房大廈，往來行駛的輪船、舟舢，以及長江大橋和嘉陵江大橋……，真似一幅圖畫。導遊說：「如果倚高樓欣賞重慶市的夜景：那萬家燈火的輝煌，和江河映耀的光彩；確實美的如詩如畫……。」不禁憶起吟哦著二李詩句：「千里嘉陵江水色，含烟帶月碧於藍。」；「星垂平野濶，月湧大江流。」

專車駛過嘉陵江大橋，經沙坪壩、北碚去遊覽「北溫泉公園」。公園在萬山環抱中，景色以四大神殿為中心，自下而上是關聖殿、接近殿、大神殿、大佛殿、觀音殿：全皆碧瓦朱檐，重樓疊閣，充分顯示了我國之傳統建築藝術。我們徐行欣賞：茂密之羣林、桔園、花圃、水池……。看見七八位勞動工人正擔石挑土，修築另一條道路，男女皆有，十分努力……。我問地陪先生，他說：「一般男的每日工資八元；女同志為六元。」以目前大陸物價及工時而言，這待遇是很好的了。北面有乳花洞，深可七十多公尺，石筍峋立，乳石懸垂，景色清幽雅致。南方山麓傍彩帶嘉陵江，石黛碧玉蜿蜒而流。適有客輪朔江駛過，我倚岩揮手，大聲呼喊與輪上諸人應聲招呼，也是一樂。

專車轉往縉雲山遊覽。縉雲山的「縉雲寺」，建於南北朝劉宋景平元年，至今已經一千五百六十六年，全山九峰聳立，景色奇麗，有「小峨嵋」之譽。其中獅子峰最高，約海拔一千零四十公尺，拾六百八十級石階而登，可抵峰頂「太虛臺」，觀望彩霞綺麗的日出奇景。沿途古樹參天，翠竹成林；返時在山肩稍停，下車俯瞰近樹遠山，遙遠處的嘉江如帶，與渝市之高樓華屋，美若圖畫。

重慶在當年抗日戰爭中，在日機沒有人性的疲勞轟炸下，曾在地下以及山坡上挖掘防空洞；中共和蘇俄交惡時期，惟恐原子彈空襲傷亡，擴大深挖地下防空洞，並儘量相聯……。近來人口膨脹，經濟日益繁榮，乃有「地下城市」的五年建設計劃。地陪引導我們，在陝西路的一棟商店內，循梯級石階傾斜下行至三五十公尺，豁然有可容千人之大會廳堂，和各式商店，也都有電燈、自來水和抽風機……之裝置；我們約行走一千公尺來至一處出口，略事瀏覽附近的概況後，仍循原路回到遊覽車上，駛往「重慶人民大禮堂」。

重慶人民大禮堂在北區，距市政府和上清寺都不遠；建築在原來的馬鞍山村，坡地叢林的綠蔭中：天壇式屋頂，左右兩翼的高樓，各有貳座飛簷樓閣毗連，全是琉璃碧瓦，紅櫺紅柱，襯著白色大理石的巍峨規模，氣象萬千。自馬路大門而入計三處廣場，兩側園林萬頃。大禮堂設中央座之外，後座和左右皆設有五樓席位，據云可以容納萬人。我們在右側的餐廳吃午飯，內部設備非常高級，招待禮貌周到，當地生產的啤酒也還很好……。我們到左側的「人民賓館」參觀問價，那時的總統套房一日宿費為美金貳佰陸拾肆元。

遊覽車經過中山三路、鄒容烈士碑，繞過北橋頭燕喜洞公園前的圓環，駛上「長江大橋」，至南岸下車瀏覽：重慶的「長江大橋」只是一層，不像武漢與南京的兩層，還走火車的公路大橋，建築卻也寬廣壯麗，兩岸橋頭共有四座大理石雕像：兩男兩女，分別代表春、夏、秋、冬：男的偉岸英豪，臨風瀟灑；春秋女神是婀娜碩健，冰心玉肌。橋下江水中心的「珊瑚壩」，抗日時期是水上飛機場。

友人語我：你如果不泡重慶或成都的茶館，你不能算是真正遊過天府之國，我以時日不敷，央他簡敘如下：

此地茶樓茶館的客人，不論男女老少，各行各業，隨興在上午、下午或晚間光顧；夥計立刻奉上泡杯，放好你所要的茶葉，右手將剛剛離灶的大提壺高高提起，說時遲那時快，熱燙燙的開水像箭似地泡入杯中，一滴水也不濺出來；左手的杯蓋也替你蓋好了，接著為鄰座如此泡茶，迅速老練，令人生羨；和藹微笑，予人恬適；有時之吆喝聲，也博人好感。滿座飲客或私語細說，或高談闊論……。茶館裡另有彈唱、清音、說書、諧趣、器樂、魔術……多種娛樂，供人選擇。厚重的大長方木桌上，有瓜子、花生、糖果或糕餅，你可以以靠著大大的竹背椅欣賞享受。風景名勝地區也設茶座，品茗之餘，遊目騁懷，快也何如！

過去的軟橋「滑竿」，由兩人扛負，翻山越嶺，或在城區陡坡，拾階上下行走之際，轎夫前呼後哼，相互招應。如果前呼：「天上明晃晃」；後者會應：「地下水蕩蕩」……一般的切題合拍，順口押韻的詞兒吆喝：既可舒暢勞力辛苦，也兼有成渝民俗之美！如今在長江「望龍門碼頭」，除了有人渡設置外，還建築了「纜車索道」，車廂舒適美觀，供居民兩岸往返；遊客可以凌空俯覽長江之美。北岸在千廝門碼頭，另有「嘉陵索道」，方便市民貿易往來；也畀利觀光仕女們眺覽嘉陵江波之美……。

長江三峽

長江三峽是我國錦繡江山景觀之一：有數之不盡的風光名勝；有灌溉、發電、航運的厚生設施：媲美歐洲的多瑙河Danube與美國的科羅拉多河Colorado，有過之而無不及。唐宋以來之文人墨客，為三峽（瞿塘峽、巫峽、西陵峽）磅礡雄奇，與長江之浩淼壯濶，抒寫出無數的優美篇章，滋潤豐富了我們瑰麗的詩詞文學。

七月一日上午八時，我們XT-0607團三十九人，在重慶沙咀，搭乘六層豪華的「白帝號」遊輪，作二夜三日「長江三峽」之遊。

巨輪駛離嘉陵滙合處，江面更形廣闊；過長壽、涪陵，望支流烏江南流而逝，遙憶項羽自刎而不自責，竟呼：「乃天之亡我，非用兵之罪也。」不禁喟然一嘆！

十三時，陰霾蔽日，間飄雨絲，偶而乍顯陽光，真是捉摸不定。船泊酆都碼頭。

我們上岸乘坐遊覽專車，穿過新城幾條市容繁盛的馬路，到達舊城——鬼府酆都。

酆都據縣志記載：東周三千多年前，巴曼王國曾經在此建都。隋代置為豐都，明朝改豐為酆。民國四十七年（1958年）中共又改酆為丰。

酆都舊城在「冥山」半腰。遊覽車在山麓大道的巍峨牌坊附近停下，我們偕大批觀光的中外人士，經過「天下名山第一都」的牌樓後，循山徑石階登高，進入山門有「哼哈祠」，前進為「報恩殿」，「星辰炮」，「奈何橋」，「五皇殿」，（右邊有路往「九蟒殿」和「十二殿」；左側可往「百子殿」。）再努力攀登可到「無常殿」，「鬼門關」、「城埕、土地祠」，「望鄉台」，「二仙樓」和「天子殿」，最高處是「鍾馗殿」、「上關殿」後之「五雲祠」。大小殿宇之建築，皆雕梁畫棟，琉璃金瓦，殿內多陰森神秘，正殿閻羅王的塑像：雙目微睜，兩手垂膝，在閃爍之燭光中，威嚴令人敬畏。偏側的牛頭馬面，黑白無常，判官小鬼，以及勾魂使者，或怒目獠牙、或青髦紅髮，多為兇神惡煞模樣，配上那一羣拖著長枷大鎖，或被油炸釜煎、或被鋸解刀切，或被剝皮碾磨之呼嚎慘狀予人作惡報應之警惕！

十六時「白帝號」在舞廳舉行雞尾酒會，中外旅遊嘉賓，彼此招呼、寒喧、敘談，因而認識了七八位新朋友。我們或立、或坐；有時遊走敬酒，有時倚舷言笑：看碼頭岸上行人車輛之匆匆，與江波間大船小舴之往返；金烏啣山，暮靄飄來……。晚膳在三樓大餐廳，席設二十多桌，擎爵舉箸之際，我敬酒鄰座Capt.& Mrs. G. F. Nasworthy一家，歡迎他們來陽明山欣賞杜鵑花……。

我回臥房四三〇號，轉開冷氣、音響和牀頭燈，翻閱「三峽遊覽圖」……淋浴沖涼之後，觀看電視節目。子初，巴山傳來幾陣雷聲，在此久旱大雨的舒適情緒下，愉快地熄燈就寢。

翌晨旭日初昇之會，船過忠縣。忠縣有大禹廟、白香山祠、石寶寨等古蹟；也是正氣歌中「為嚴將軍頭」嚴陵將軍，和明末女將秦良玉的故鄉。七時許又過萬縣。眺望市容，頗為繁榮：它是重慶、宜昌之間港口；也是川東各縣貨物集散地；更是我國最大的桐油市集。名勝古蹟中的太白岩太白閣，相傳詩仙李白曾讀書於此。如今祀有李老子及李白神像，還有歷代詩文碑碣極多。九時許又過奉節（古為白帝城）：白帝廟聳立江邊，傳說劉備為陸遜打敗，逃回巴蜀時病逝之地；附近有「八陣圖」舊跡。杜甫有詩：「功蓋三分國，名成八陣圖；江流石不轉，遺恨失吞吳。」憶吟之餘，又為之一嘆！

過了奉節，遙望夔門，那赤甲、白鹽雙峰夾江峙立若門，兩岸峭壁，刀削斧劈，高與天齊：是為「瞿塘峽」。李白為文記述：「江出巫山，行二千里，合蜀眾流，畢出瞿塘之口。山疏而嶔奇，水激而奔汛，天下瑋瑋絕特之觀，至是殫矣！」杜甫詩云：「三峽傳何處，懸崖壯此門。」就是瞿塘的寫真。過「風箱峽」之懸崖南岸，斷斷續續遙望可見「棧道」鐵釘遺痕。崖壁上有宋代石刻之「瞿塘」巨字。

數十年前，夔門入口處，大江之中有一極大的黑色巨礁，附近潛藏散落著許多暗礁，這一地段人稱「灩澦堆」，江外至此遭巨礁、暗礁之擠迫翻滾，或奔騰怒吼成激流，或嗚咽打轉為漩渦，是入峽第一驚險處。船諺有云：「灩澦大如馬，瞿塘不可下；灩澦大如猴，瞿塘不可游；灩澦大如魚，瞿塘不可回；灩澦大如象，瞿塘不可上。」一巨礁鑿刻「朝我來」三個大字，任何船隻，必須對準石刻挺進，才能避免漩渦和暗礁，否則，船碎舟沒變成波臣！如今，「白帝輪」平穩行駛，空流古詩、船諺的恐懼和刺激了！

白帝輪在乍時微雨之十時二十分抵達巫山泊岸。

巫山小城在大寧河和長江的滙合口，羣山環擁，江水滙流，風景幽美古樸。我們換乘小汽艇上溯，遊覽夙有「峽郡桃源」之稱的小三峽。

小三峽是大寧河下游的「龍門峽」、「巴霧峽」、「滴翠峽」之總稱：南起龍門峽口，北至涂家壩，全程五十公里，一路「出峽復入峽」，「大峽套小峽」河水湍急蜿蜒，風景幽絕。小汽船駛入大寧河不遠，兩邊高峰之間，有一座天塹似的鋼筋公路虹橋，吸引我們注視至久；穿過虹橋，就進入了「龍門峽」……兩岸全是重山疊翠，近河多小樹芝草，間見農戶和梯田中種植之高粱。左峰峭壁如削，留有古代棧道遺蹟，過了「青獅守門」，「靈芝峰」和「九龍柱」，就到了驚險的「銀窩灘」：此處「灘水急似箭，灘礁幾碰船！」此時，船長迅派兩個壯丁在前頭拉縴，大家齊心合力，終使汽船上灘來到了「巴霧峽」。巴霧峽的航程是：山高谷深，雲霧迷濛，鐘乳密布，怪石磷峋。峽內景觀有：「猴子撈月」、「虎出」、「龍進」、「仙桃峰」、「觀音坐蓮」、「峭壁懸棺」……。過「雙龍」，船抵「滴翠峽」，峽內峰峰峭壁，飛泉極多，間見鴛鴦戲水，猿猴攀藤，野趣天成。沿途名勝有：「水簾洞」、「摩岩佛像」、「天泉飛雨」、「羅家寨」、「綿羊岩」、「登山峰」、「船棺」、「赤壁摩天」、「雙鷹戲屏」、「飛雲洞」……：小三峽美景多在這二十公里以內，所以稱為「滴翠峽」。

涂家寨午餐後返航，在登天峰慄慄走過懸崖吊橋之餘，輕舟順流，飛颺如矢，於十八時十五分回到「白帝號」。

巫山的大寧河和長江之會合處，水面寬廣，然後好像進入喇叭，越來越窄，漸收漸緊，兩岸山峰遙迤交錯，予人有「山塞疑無路，雲開別有天」之感。因為巫峽十二峰沿著江外錯落聳立：北岸有「登龍峰」、「聖泉峰」、「朝雲峰」、「松巒峰」、「望霞峰」、「集仙鋒」攢簇；江南傍「聚鶴」、「翠屏」、「飛鳳」三峰而航；而「淨壇」、「起雲」、「上昇」三峰卻隱之山後。

十二峰之一的「神女峰」（朝雲峰），傳說古赤帝有女瑤姬，死後葬此為神。戰國時代楚襄王夢遊高唐，邂逅神

女，乃命宋玉作「高唐賦」記述其事。此一膾炙人口，香豔淒美之故事，除為後人津津樂道之外，尤為好事之墨客騷人添枝加葉，頻增「神女峰」迷人色彩。清張船山詩云：「青山小立玉芙蓉，秀絕巫山第一峰，我欲細書神女賦，薰香獨贈美人峰。」當「白帝號」經過之際，我與眾人仰望「神女峰」頂的美景時，浮顯一刻「除卻巫山不是雲」的綺麗遐思。

白帝輪入鄂，過了巴東，過了秭歸（屈原的故里），又過了香溪（昭君的家園）：那「離騷」之文約辭微，宏博麗雅；那忠君竭智，汨羅自沉……，我為之低迴悼念！遙望「昭君岩」騎在「駱駝峰」山脊之上：一幕王嬙自塞外返鄉省親之思潮……，不禁莞爾。

西陵峽比較寬大，以往過了香溪，洪流變得凶惡，有三個險灘，那就是：泄灘、青灘和崆岭灘。如今只留空名，供人談助。過香溪約十餘分鐘，兩岸高峰矗天，江流竟似窄巷，「老長江」指左邊飄浮薄雲的碧岩黃石，告訴我們：那就是「兵書寶劍」（傳說是諸葛武侯的兵書和佩劍）。不久，又過「牛肝馬肺峽」，那是兩堆黃色鐘乳巨石，傍江垂懸於峭壁之項，石上幾株小樹，望之狀似牛肝馬肺。接著是「燈影峽」：峽北有天柱峰；峽南是馬牙山，對峙屹立，崖壁呈黑白相間，的是奇觀。最後過「黃貓峽」出「南津關」，豁然開朗，煙波浩渺。張船山詩句：「送盡奇峰雙眼豁，江天空濶看彝陵。」長江三峽之群山綿延跌宕，眾水滙流湍急；至此浪靜波平，浩浩湯湯。余也心境歡愉，引吭高歌：「朝辭白帝彩雲間，千里江陵一日返；兩岸猿聲啼不住，輕舟已過萬重山。」（李白詩。）

三日下午二時，白帝號進了「葛洲壩」船閘，回眸望那船後幾堆遠山；左邊綠洲上的高樓房屋；遼闊的藍天和江面；還有出港的船隊……，構成了美麗畫圖。白帝號蠕蠕行駛，緩慢下降，江岸超過了我的頭髮……「四三〇」臥室似乎靠近岸肩了；不久浮傍江岸，停泊於宜昌船塢碼頭；對河一棟黃瓦巍峨的四樓奇觀，又搶去了我一幀鏡頭。

宜昌、武漢

七月三日十五時抵達宜昌，遊覽車已在碼頭迎接，我們直駛葛洲垻水利工程局參觀，並聽取簡報如下：

長江葛洲垻水利樞紐工程，主要由電站、船閘、泄水閘、沖沙閘等建築物組成。大垻全長二千五百九十五米，高七十米。控制流域面積一百萬平方公里，總庫容十五億八千萬立米。電站裝機二十一台，總容為二百七十一萬五仟瓩，年平均發電量為一百四十一億度，在大江與三江交匯處，共建船閘三座，可通過萬噸級客貨輪和大型船隊。二十七孔泄多閘，和十五孔沖沙閘，全部啟開後的最大泄洪量為十一萬秒立米云云。簡報廳新穎寬敞，可容百餘人，正中巨大玻璃櫃裡有「葛洲垻水利樞紐工程模型」：長江、山嶺、電站、船閘、泄水閘、沖砂閘、道路、橋梁……製作精緻、敘述扼要，全部用燈光和播音方式，印象良深。

我們漫步於「陶珠路集貿商場」，正門額懸「人人爭做文明顧客、文明遊客！」標語；左右門聯是：「繁榮城鎮貿易、活躍宜昌市場。」（共計三十一字，簡體字約有七個。）此時已是下午六點多鐘，趕集買賣早經打烊；然而，仍有一些升斗市民和小攤販夫，尚在為生活孜孜矻矻。

宜昌市位於長江三峽東口，夙有「川鄂咽喉」之譽；

為長江航商貿集散地，居民三十四萬；新建化工、製葯、造紙、紡織、機械、食品等工業，頗為可觀。

晚乘中國民航三三五四班機，平安在武漢南湖機場降落；住宿於漢陽之「晴川大飯店」。

武漢（武昌、漢口、漢陽）三鎮控長江東西水運，上溯可達四川，下游直放京滬；位於長江與漢水匯合處，兩江類似「丁」字形，隔江鼎峙，聲息相通。陸路有北往河南而達北平之「平漢鐵路」；南經湖南而下廣州之「粵漢鐵路」；延至蜀省之「川鄂鐵路」；至大冶、鐵山、黃石港之煤鐵專用鐵路……。公路可通往襄樊、沙市、宜昌、恩施……以及豫、陝、蜀、湘、贛、皖諸省。航空可飛往香港、廣州、北平、上海、福州、成都及昆明等地。長江船運：水盛時萬噸江輪，可自京滬上至宜昌；平常時數千噸之客貨商輪已可抵達重慶；漢水可行小輪，交通非常便利。因此，自古即有「九省通衢」之稱號。中共已將武昌、漢口及漢陽合併作「武漢市」以為湖北省會，面積八千五百平方公里，人口六百二十萬。（市區面積一千五百五十七平方公里，人口三百四十萬。）

漢口於民國十九年（1930）升格為院轄市。西漢時為夏口，屬我國的大名鎮之一；唐宋日益繁盛。清咸豐八年（1858）中英天津條約闢為商埠，各國設有租界，第一次世界大戰後，收回部分，改為特別區；抗日期間中英、中美聯盟而全部收回。

漢口位於長江及漢水左岸，與漢陽、武昌鼎足聯成一體。港濶水深，可泊萬噸以上大渡輪，碼頭上汽笛常鳴，人聲吆喝、吊箱上下起貨，電纜車來回裝卸，十分忙碌，有詩為證：「十里帆檣依市立，萬家燈火徹夜明」；國父孫中山先生的實業計劃，擬闢之為世界性之內陸自由港，足徵潛力與重要。

漢陽在漢水右岸，東南與武昌隔長江而望，有「長江大橋」相通。晉朝為石陽縣，後易名曲陽，隋代始名漢陽至今：為武漢三鎮之工業重地。中英鴉片戰敗，兩湖總督張之洞在此設兵器廠，復利用附近大冶之鐵與萍鄉煤礦，成立大煉鋼廠，因此許多附屬工業蓬勃發展，至今已為華中地區重工業中心，現有造船、機械、電子、石化及棉紡等工業甚是發達。

武昌則在長江南岸，古名江夏，隋稱鄂州，五胡亂華，文化南移，人傑地靈，滙萃於此。辛亥年十月十日國父 孫中山先生領導之「同盟會」革命黨人，首先在武昌楚望台發難起義；各省紛紛響應，滿清帝因之崩潰，亞洲共和第一之中華民國於焉誕生。今日為「武漢」三鎮之政治、文化中心：辛亥革命之湖北軍政府、武漢大學，以及黃鶴樓等名勝學府，遐邇嚮望。

我們乘遊覽車往「湖北省博物館」參觀，該館為白大理石之兩層巍峨巨構（另有地下廳堂）。各樓有大陳列室多間，分別展出：殷、周、秦、漢出土之鼎、彝銅器、玉器，或邇後多代之陶、瓷、碑帖、書、畫、文獻及織繡……。再轉至館後另一大廳，欣賞三十餘人演奏之「戰國曾侯乙編鐘」樂舞：奏樂與歌舞之男女，穿著古代彩色衣冠，或立或坐；當鐘鼓齊鳴，笙、簫、笛、箎之管樂，與琴、瑟、古箏之旋律聲中，歌者引吭而唱，蹈者翩翩起舞，在柔和之燈光下，我們體認且享受了古代視聽樂藝。

遊覽車續駛龜山之麓；漢水、月湖之濱「古琴台」：綠坡上古樹扶疏；驕陽下知了長鳴，小徑曲廊，亭台池苑上樓閣，交錯於幽篁花草間，正中高曠處為一座漢白玉建築——「琴台」；額懸「高山流水」金字巨匾之兩重飛簷華構，偉岸台側。同人入廳瀏覽後，在琴台附近俯視漢水之際，我將春秋樂聖伯牙，與鍾子期至善行誼：為伯牙鼓琴，子期則循聲擊節……旋律高越時，志在泰山；音域迴環中，志若流水……同聲和應，肝膽相照。子期卒，伯牙摔琴，傷知音難尋之故事：告訴諸人，感嘆知己之真摯。

琴台之南，臨「鸚鵡洲」處，有名剎「歸元禪寺」。相傳建於明代；清朝道光皇帝為表彰開山長老，頒賜寺璽乙枚，於是寺譽遠播……。禪院廣大，主要有羅漢堂、大雄寶殿，藏經閣等巍峨建築。「藏經閣」有唐代高僧，玄奘翻譯之一百三十五卷「龍藏經」十分珍貴。羅漢堂中之五百尊羅漢，依田字型排列供奉，善男信女或遊客，禮拜瞻仰一

周，竟不致重複步履。每尊羅漢之神態自然，絕無雷同。據云乃清道光年間，黃陂縣之父子雕塑專家，窮九年心血之傑作。

遊覽車傍龜山之公路駛行，遙望山上高聳之金色新型「旋塔」腦幕瞬即顯出加拿大尼加拉的回憶；「卡剎」一聲，攝得了一幀「龜山旋塔」的美景。

遊覽車稍停於武漢大橋下之廣場側，大家隨興瀏覽：或望蛇山遠貌、或看江上輪舟；注視雙層長江大橋，閱覽紀念碑文記述……夏日雖然酷熱，江風飄髮沁涼。

遊覽車駛上「長江大橋」，這座橫跨煙波浩渺之橋梁，於民國四十四年（1955）九月動工，而在民國四十六年為成。橋高八十公尺，全長一千六百七十公尺，分上下兩層：上層是公路、人行道；下層為雙軌鐵路，銜接平漢與粵漢鐵路（今之京廣線）。橋之兩端建有橋頭樓堡四棟，皆高三十五公尺，皆分四層：遊客蒞臨眺望，胸襟為之一暢。

遊覽車停憩「蛇山」之麓，遊人接踵比肩，踏斜坡石級而行，略覽「記事碑」文（中華民國三十七年十月十日……重修。）之後，復登廣場石階數進而至樓台，余即逕上五樓頂，桂殿飛簷，繡閣雕甍，前懸「黃鶴樓」金字巨額；後豎「楚天極目」高標。我憑欄遠矚，默誦崔顥之詩；瞰江橋輪舳車輛之往來，不禁歌唱：「獨自登臨黃鶴樓，樓傾鶴去幾經秋；千帆容易隨流去，一棹艱辛赴上游。」「故人西辭黃鶴樓，煙花三月下揚州；孤帆遠影碧空盡，唯見長江天際流。」王陳數君為之擊掌應和。

黃鶴樓傳係三國東吳黃武年間創建，邇後屢頹屢修，清季一代即重修四次，光緒十年大火，片瓦不存！民國三十七年重建後，六十九年（1980）中共為拓展觀光，吸取外匯，乃拆除古代木構，改用鋼筋混凝土建築。原來三層，以不顯「城廓相望萬景收，一樓飛聳大江邊」之氣勢，故昇高為五層崇樓，企望呂祖駕黃鶴之歸來！

遊覽車經過「中和門」之「首義路」，緩慢駛過「湖北軍政府」：重樓矗立，紅瓦紅磚，襯以白大理石之屋檐裝飾與線條，額署「辛亥革命武昌起義紀念館」；廣場正立有　國父銅像高台，瞻仰之人，絡繹於途。

遊覽車來至東郊名勝「東湖」，循堤路蜿蜒緩駛：綠蔭傍岸，碧波蕩漾。下車在「湖心亭」周遭散步，或欣賞園藝花樹，或掬水戲魚；眄鴻鳧翻飛，聆導遊之敘語：東湖面積三十三平方公里，杭州西湖之六倍，湖岸曲折，共有九十九灣，有的湖灣築建堤道深入湖中；更有「環湖路」十九公里，包括跨湖公路橋段六道，宛若飄波緞帶……。

遊覽車又至「行吟閣」，史記楚國三閭大夫屈原，下放此處時，常在這一帶漫步，吟詩，發抒憂國憂民之思。我與陳黃二君登臨「行吟閣」三樓，眺望湖中遊艇，和對岸珞珈

山上之武漢大學，情不自禁地吟誦起劉宗烈教授之「武昌懷古」：

（一）

三楚雄州憶武昌，天然形勝控荊襄。
滔滔巨浪來巫峽，歷歷晴川接漢陽。
山峙龜蛇松盡古，洲臨鸚鵡草長芳。
風雷革命懷辛亥，紀史於今七十霜。

（二）

曾是當年百戰場，英雄遺塚骨猶香。
寇氛不改山河色，兵氣難銷日月光。
鄂渚公園花萬簇，東湖侯館柳千行。
仙人黃鶴踪俱杳，吊古還登首義堂。

西安

七月五日（星期二）晚二十三時十五分，我們乘「平漢鐵路」直達軟座臥鋪火車北上西安。（旅行社預收的飛機票費事後發還。）武漢火車站廣場上黑壓壓地一片人潮：來來往往的，站立的、蹲踞的、坐在地上的、躺臥蓆上的……洶湧雜遝，極感惶惑！幾位地陪引導著我們尋覓人群的空隙，左穿右閃、迂迴困行，百米約莫的候車處，竟耗時十多分鐘！

軟座臥鋪火車，每節六房間，每間房間有兩個架，分置入門左右，各設上下鋪為四個單人床位，都是白布軟墊，白色薄被和白套枕頭；兩架之間的車窗下小桌一方，放了熱水瓶和四個茶杯；車窗頂端一具轉頭電扇不停地送風（附開關）。我與李、彭、黃三君同住一間；服務同志送來茶水；我們整理瑣碎、啜茗敘談……，在車行轆轆微盪，仿若搖籃的情況下怡然入夢。

一覺醒來，火車嘎然幾乎同時停住，探視窗外，「信阳」（阳為陽字簡體）站牌就在附近。憑窗睇望車廂兩邊情況：往來男女衣著樸素，瘦馬勤勞；高矮參差的商號房屋，有的在做買賣……。導遊領我們穿越六個普通車廂去餐車早膳；這些硬座臥鋪，每床有上、中、下三個單人床位，走道極狹，有人傍窗吸烟、聊天……男的、女的，多數是青壯

年齡：有的頭朝走道仍在夢鄉；有的腳丫子露到走廊尚在酣睡……每節車廂滿眼都是人、人、人！形形色色，使得我們幾乎是側身，讓過走道上或立、或坐的男男女女匆匆而行！

餐車布置雅潔，每桌四人，白色檯巾且置鮮花乙瓶；客來收起花瓶，送上所點菜餚、啤酒……。

火車在寬軌上奔馳，昨晚穿越大別山脉和桐柏山系的雞公山時，我在睡夢中，竟失去了觀察抗日歌詞中：「山高林又密……」的機緣！此後在「黃淮平原」上：或見莽莽蒼蒼、或看綠野田疇、或望農莊小橋……，因為是「特快車」，驛站只停「駐馬店市」、「漯河市」、「許昌市」，在「新鄭」附近午餐；續經「鄭州市」。晚飯之後，我攤開「河南省地圖」，告訴同行陳、李、彭諸君：「……這信陽之西約兩百公里的「南陽」，有臥龍岡劉備三顧茅廬，敦聘諸葛武侯就在這兒；許昌是漢獻帝遭曹操挾持遷都的地方，古蹟有曹丕的『受禪台』；這義馬市的「澠池站」有仰韶山丘，民國十年時，考古學家在此發掘出石器時代的許多石器、陶器，和骨製器具。也就是在歷史上所說的『仰韶文化』。……」

六日晚二十時又三十五分走出弘大高敞的西安火車站，那廣場上的人潮，數倍於武漢車站；大家在地陪導引下，注意穿閃隨行，好不容易才搭乘專候的冷氣遊覽車，逕駛我們住宿的「唐城賓館」。

西安位於陝西省中部的「渭河平原」。南有峰巒疊障的秦嶺山脈的終南山，王維之詩：「中歲頗好道，晚家南山陲。……」正是這裏。北依「黃土高原」之爺台山之外，有所謂「蕩蕩兮八川分流」的豐饒水利。八川中的滈河早於唐朝無存，其餘是北面的涇水、渭河；繞南的潏河；東流的灞河、滻河；以及西面的灃河、澇河。由於這山環多抱的優異形勢，土地的肥沃，物產的富庶：所以自西元前十一世紀起，西安曾做過西周、秦、西漢、新莽、西晉、前趙、前秦、後秦、西魏、北周、隋、唐等十二朝代，一千多年的國都，虎踞龍盤，氣象萬千；杜甫詠贊為「秦中自古帝王州」，真正的當之詞！

七日晨乘遊覽車出西安東門，經過灞橋，（灞橋又名銷魂嬌，唐代流行在橋亭折下柳枝惜別親友：溫庭筠有「楊柳花飄雪，終日行人多攀折。橋下水流嗚咽。……」及「……楊柳色依依，燕歸人不歸！」之詞。）先到二十多公里外的臨潼縣秦始皇陵瀏覽。陵墓始建於秦王登基之西元前246年，歷六整年完成，狀似一座小山，高約四十三公尺，周長近五公里，林樹蒼翠，有寬大的百餘級石階，上至丘頂圍牆平台；平台類若三百公尺運動場地，可俯瞰遠處江水、平疇、和丘麓之阡陌房舍……。山麓的外圍牆有廣坪大道，路左有瓦頂磚砌的大理石碑文；路右的陵門前，另立一方陝西省文物保護單位所製的大理石說明台座。

冷氣簇新的遊覽車載我們到了一又五公里遠的「秦始皇兵馬俑博物館」（參觀券每張人民幣伍角正）。該館包括三個坑號：第一號坑發現於1974年三月，出土了駟乘戰車六輛、陶馬二十四匹，武士俑六千個左右：分十個坑道布陣，每坑每排三個俑兵，適當配置馬匹和戰車。二號坑埋有一千多件騎兵，戰車組成的俑軍陣。三號坑據說是七十三名武士手持近衛兵器，環護著一輛統師御座車，後隨無數武士，顯然是一、二號坑軍統合的指揮部。

我們隨著參觀的長龍，一邊聆聽服務員的解說；一邊審視坑內武士、馬匹及戰車：這許多俑像全和真人、真馬、真車一樣的大。那幾千人俑的臉形、神態、服飾也塑製得無一雷同，而且維妙維肖，媲美巴黎的蠟人……。一些專家及尼克森、英女王夫等等，觀察之後認為，秦代兵馬俑的藝術水準，可以和古希臘相仲伯不分軒輊。

午餐後，我為憑弔古蹟，瞻念歷史的興衰，又到了驪山。

驪山高約一二七四公尺為古長安近畿軍事要隘。山多硫礦、溫泉密布，遠望蒸氣裊裊，雲霧迷漫，有它特殊的地理景觀：欣賞的人歌詠「溫泉多滑洗凝脂」、「驪宮高處入青雲」；消極文士又慨嘆「驪山畢竟非佳壞」、「驪山無復舊亭台」！

歷史約在二千七百五十多年後，周幽王在驪山烽火台燃放狼烟，戲弄諸侯博褒姒一笑而亡國！民國二十五年

（1936）十二月十二日「西安事變」的「五間廳」紀念大理石碑，憬然樹立於驪山北麓。（西安市之張學良故居，已經作為事變的文物館。）

驪山華清池，初為秦始皇設置；天寶元年玄宗寵愛楊貴妃，擴建許多雕梁畫棟的殿閣樓台，以及鳶飛魚耀、百花競艷的池苑園藝：改名「華清宮」。我們徐行欣賞，讚嘆非常，真是「山在虛無縹緲間，樓閣玲瓏五雲起。」「金屋妝成嬌侍夜，玉樓宴罷醉和春。」看見那九龍湯壁上，石雕龍頭吐出的溫泉水，人們指著湖畔的一棟華屋，說是貴妃沐浴之處；然而再上小坡幾十步，導遊指著坡的另一邊的空曠處，有方正積水窪地、殘石古道及露出土面的磚石說：「這是經考古家証實的「賜浴貴妃之華清池原地，觀光單位即將在近年內籌劃恢復之」云云。聞說之餘，不禁憶起：「花鈿委地無人收，翠翹金雀玉搔頭」的一嘆！

巍峨龐大的五層「鼓樓」，矗峙於西安市中心，分由東南西北四條大路，幅拓出難以數計的大小街巷：近處有清真寺、博物館、兒童公園、蓮湖公園、革命公園及市政府；北門處有廣大明宮遺址及西安火車站；西北較遠有未央宮遺蹟，火車西站及西門的勞働公園、飛機場；東門外有興慶宮公園、動物園；南門處有省體育館，大小雁塔，大興善寺，以及我們住宿的「唐城賓館」。

薄暮、萬家燈火之際，我們登臨西安城樓。

西安城自西周王朝至唐李皇朝，凡一千一百七十一年，烙留下歷史風貌的城垣，到現在全中國的六大古都市，只存這裏最完整了。地陪說：今日所見的西安城樓是明代洪武七至十一年（公元1374～1378）間修建的，距今六百多年了。城牆高十二公尺，頂寬十二到十四公尺、底厚十五到十八公尺、共有東、南、西、北四個大城門。（近數十年來，另開闢通過城牆之大馬路有十六條，方便極了。）每座城門都建了華麗高大的城樓：每座城樓附建兩層角樓四陳，而四周城上的敵樓（又稱馬面）共有九十八座，以及垛口（女牆）五千九百八十四個，真是銅牆鐵壁，固若金湯……。

我們曾去西安西北的乾陵，這是唐高宗和女皇武則天夫婦合葬的墓陵。（古時帝王伉儷，丈夫先死，妻後死絕不能合葬；武曌李治之同塋，必有極深含義。）

乾陵是梁山的一座山頭，海拔一千公尺，四周另有五座陪葬墓，其中章懷太子、永泰公主及懿德太子三墓已先後發掘，墓道內布滿精美生動的壁畫，充分顯現盛唐藝術的成就。長遠廣闊的司馬大道兩旁，豎立著許多一千一百多年前的石像，有人有獸，氣象儼然。可惜有六十一個仲翁的頭顱竟被砍掉！觀望之餘，中心惋嘆悽悵。

回程，遊覽車載我們去看碑林和大小雁塔。

碑林在陝西省立博物館內。（館地園林寬大，涼亭四座，陳列館室也多毗連建築。）萃聚的古代石刻有七百餘種。那一千多塊碑碣，特築廣廈分類保護，其中柳公權、顏真卿、王羲之、王安石、米芾、歐陽修、蘇東坡的真跡石碑……最引人欣賞，尤以大秦景教碑，更是宗教研究的重要文物。其他的館室和各個陳列樓房所展出的古代禮器、樂器、兵器、玉器、陶瓷、錢幣、甲骨文、兵馬俑……。因為時間關係，我們選看了幾項之後，匆匆轉往大小雁塔。

雁塔位於南門外，（接近我們住的唐城賓館。）是壹座正方形的七級浮屠、高有六十四公尺，矗立於磚砌地台之上大且雄偉，是為唐玄奘法師典藏佛經而建；而後唐代風尚，文人京闈考中進士，一定登塔覽勝賦詩，並在塔內題名。兩側有大石碑：一係唐太宗為玄奘譯經所撰的「大唐三藏聖教序」文；一為唐高宗所作的「聖教序記」。小雁塔離大雁塔不遠，採密檐式碑構建築，亦極崇高秀麗。在雁塔西南的武家坡，留下了王寶釧所居的「寒窰」，有題楹聯在左：

十八年古井無波，為從來烈婦貞媛，別開生面；
千餘歲寒窗向日，看此處曲江流水，想見冰心。

西安這歷經風霜的古都城，自西元前十一世紀起，曾為西周、秦、西漢、新莽、西晉、前趙、前秦、後秦、西魏、北周、隋楊和李唐十二個朝代的京都：西周時代稱豐京、鎬京；秦都於目前偏西北之咸陽；漢劉邦在今西安市南的龍首

原西北麓另建長安城；李唐擴建在龍首原的南麓；元朝將長安易名京兆府，又改為西安府；民國十七年（1928）設西安市。至今中共劃西安市有七個市轄區及六個縣份，面積二百零七方公里，1988年的人口是一百七十七萬左右。七日黃昏，我與友人在城內的蓮湖公園散步：或涼亭品茗、或樹蔭談心，微風拂來，看池水漣漪，垂柳飄飄，這真是民眾憩遊的中心佳地。翹首西望，夕陽仍含岐山耳際；轉念明日將離此如畫古都，不無依依，因與友人同歌「渭城之曲」：

渭城朝雨浥輕塵，

客舍青青柳色新；

勸君更盡一杯酒；

西出陽關無故人。

洛陽

七月八日（星期五）晴，十七時約莫氣候轉陰，我們乘軟座火車到達洛陽市，下榻於西苑路之「友誼賓館」大廈。

洛陽在河南省西部的伊洛盆地，南臨伊闕，北靠邙山、西有函谷關、東設虎牢關，周繞羣山，卻有伊、洛、瀍、澗四水蜿蜒貫流滋潤：洛陽因此為一個水秀山青，物產富饒的好地方。西周為鞏固基業，加強對殷舊頑民之控制，乃營建東都洛邑。周公曾讚美為「居天下之中，四方入貢道里。」所以自東周起，又有東漢、曹魏、西晉、北魏（孝文帝以後）、隋（煬帝）、唐（武后）、後梁、後唐等九個朝代在此建都，世譽為「九朝名都」的時間，共計九百三十年。

1954年春，中國科學院考古研究所，在洛陽西澗外的七里河一帶，發掘出「洛邑」舊址，出土的牆垣為二千八百九十公尺，據估計全城面積約有十多平方公里。城南挖出大片夯土遺蹟，及大量的筒瓦、板瓦……，瓦上有饕餮紋和卷雲紋，都是考証東周的寶貴資料。

洛陽也是中國文化中心之一：漢張衡在這兒創造了渾天儀和候風地動儀；蔡倫發明了「紙」；曹植的「洛神賦」，將洛水神話和自己愛情，撰寫成傳誦千古的詩篇。晉代的竹

林七賢的文章，以及左思的「三都賦」，也是文壇琅琅誦抄的珍品。因此，「洛陽紙貴」的成語沿用至今！

九日上午九時許，遊覽城東九公里的「白馬寺」。

白馬寺建於東漢明帝永平十一年（公元68年），距今已經一千九百二十一年了。當年，明帝派遣郎中蔡愔偕博士弟子秦京往天竺（印度）取經，而後與天竺高僧攝摩騰及竺法蘭以白馬馱回許多佛像，和著名的「四十二章經」，舍於鴻臚寺，遂取寺為名，創置白馬寺：這也是我國佛教僧寺之濫觴。白馬寺最早建築採印度式樣；武則天時代重修，又改具中華民族之風格；今日之規模，大致是明代修葺後所沿襲：青瓦紅牆的佛殿梵宇，一棟又一棟地聳立於樹叢篁竹間，廣場的弘大山門前，一對白石駿馬溫馴壯健之神態，十分令人欣羨！山門內左右各為一座大塚，兩側供四大天王，中央供奉彌勒佛。再前行來到大雄寶殿，殿前有唐代經刻石柱，可惜字跡多已模糊不清。殿內供有許多佛像、殿壁上復雕鑿許多佛龕，供奉五千多尊壁佛，據云是元代雕塑。大雄寶殿後更有引接殿，殿旁另建清涼台，相傳為漢明帝置佛經佛像之處。數年前附近挖出的一些漢磚，適當舖展在台內陳列，供人參考研究。

我們繼續往洛陽城南十二公里龍門石窟參觀。

龍門石窟和敦煌的莫高窟、大同的雲崗窟，並稱為我國的佛教藝術的三大寶庫。龍門地方的東邊有香山；西邊是龍門山，兩崖對峙如闕，伊水汩流其間，古稱「伊闕」。石窟雕鑿自北魏太和十八年（公元494年）遷都洛陽開始，歷經東魏、西魏、北齊、北周和隋唐各朝代，營建雕造長達四百多年。資料顯示，現為大小石窟一千三百二十個，佛龕七百五十個，佛像十餘萬尊，造像題記和碑碣三千多塊、佛塔四十多座。

龍門石窟中最大的洞窟在西山南部之腰，供奉的大盧舍那佛座，據說是武則天時代雕鑿：大佛盤膝而坐，高有十七點一四公尺，頭高四公尺，佛容豐滿、目光慈祥，嘴含笑意，崇高偉大，令人敬仰拜。座台廣坪可容二三百人；台下廣坪，可供禮佛仕女千人參謁。佛座後之石壁上有二菩薩、二弟子；左右石壁上則立二大天王及二大力士雕像，高度皆在十四五公尺以上。菩薩頭戴寶冠，身披瓔珞珠寶，十分雍容華貴；天王則手托寶塔，身著鎧甲，威風凜凜；力士是赤膊袒胸，揚眉張目，雄武碩壯。其餘石窟：或一龕一佛、或一龕數佛。其中最高最大的佛像，是蓮花洞的立佛，高達一百三十尺。至於佛像窟壁間許許多多的碑刻題記，以北魏名士手書的魏碑，最為我國珍貴文化遺產之一。參觀之時，常發現一些神龕、佛像、碑文：或損毀，或空無一物的破敗殘象，深悼黃巾之禍、永嘉之亂、五胡入寇，以及明法政治重心的遠離，民初軍閥、紅衛兵的災劫……！1953年起，洛陽也列為「國家文物重點保護」城市，所以這次石窟的參觀途中，常見建搭在半山的鷹架，和堆在附近地上的石塊……，心中稍慰。回程，將至「關帝塚」瀏覽。

漢壽亭候之墓在洛水之南約七公里餘，墓園既深且廣：陵墓在廣砰正中，建築了一座高大的花崗石墓門：門楣仍是花崗石，刻書「漢壽亭侯墓」正楷巨字，左右門柱上另鐫篆字門聯，柱頂各立石獅子一隻，前進十幾步是墓堂，堂頂華構美觀，又是花崗石精工大門，門楣有「中央宛在」四大字，大門口的巨石上蹲了一對雄獅，牠後面的紅牆既高且大。墓堂大門前有一高與胸齊、寬有三公尺的雕石屏座，繞過屏座，晉入陵墓之門，在紅柱紅柵的墓亭中矗立一巨大墓碑，亭後的陵墓就像是一座小山，山上是一片樹林。墓園外另建關帝聖殿：前殿、正殿及左右偏殿堂，中庭仍是廣大的園林，蒼松翠柏，寂靜森穆。導遊說這都是曹孟德禮葬關雲長首級處；至於軀體和衣冠墓，分別在襄陽城及解縣兩地云云。

至今的洛陽市區跨澗河兩岸：河西乃一千多年前煬帝之西苑故址，我們所住的洛陽友誼賓館就在西宛路六號，對門是幽美的公園。西岸又北是烟囪林立的工業區，南面為住宅區及研究機構所在地；河東有往昔吳佩孚行轅，現為商業及政治中心。洛陽是隴滇鐵路及新建的焦枝鐵路交通樞紐，十年前又完成黃河公路大橋，更溝通了南北兩岸的人文和經濟來往的便捷！

「洛陽牡丹甲天下」，這富貴花的花期雖然已過；但是，憶及樂府王維之「洛陽女兒行」，和白居易的「買花」詩，「待月西廂下，迎風戶半開」的崔鶯鶯的埋骨香塚，也在此地的一棵古老的槐樹下。那伯夷、叔齊不食殉節的首陽山，更在這九百多年的九朝故都的東北方。這些歷史文物的遺蹟，使我渴望明年的「牡丹花期」，再來重遊一番。

北平故宮

七月九日星期六晚二十時十五分，我們在洛陽乘「平漢鐵路」火車（軟座位），於翌日上午九時抵達北平市。經中國旅行社安排第一晚住「翠宮飯店」，第二三夜「華都飯店」：設備、招待皆屬國際標準，私衷甚慰。

北平是我國六大故都（其他五地是西安、洛陽、開封、杭州和南京。）之一：自元太祖、歷明成祖而至清代的最後皇朝，延續了六百三十多年的都城。

我們的遊覽車駛經前門大街、天橋大街永定門內大街，轉至「天壇公園」瀏覽。

天壇是明、清皇帝孟春祈穀、夏至祈雨、冬至祀天的場所。落成於明永樂十八年（1420），明嘉靖和清乾隆間曾加擴大，佔地約四萬畝，面積大於故宮一倍。

天壇外建兩重圍牆，呈回字形：北沿是弧圓形；南沿和東、西牆相交成直角呈方形：正是古時「天圓地方」的典型象徵，又稱「天地牆」。這兩道牆區分為內壇和外壇。祭天主要建築全在內壇。而北邊建築群以「祈年殿」為主；南方是「圜丘」、「迴音壁」和「皇穹宇」，中間由三百六十公尺長的「丹陛橋」連繫交通。自外牆西門入，往東行進內牆右側就是「齋宮」：這是皇帝行祭天祈穀前，齋戒沐浴處，佔地約四萬平方公尺。齋宮正門復行數十步為氣勢軒昂、綠瓦紅磚之正殿，殿前石亭兩座：右亭較小，故置時辰牌；左亭較大呈方形，內置一銅人，手擎一面刻著「齋戒」二字的牌子。古時禮制，帝王祭天前三日居齋宮虔誠齋戒：不茹葷、不飲酒、不食蔥蒜、不聽音樂、不理刑事。

祈年殿建在地上四公尺的三層台基上，是一棟鎏金寶頂，三層重檐的圓形大殿，採上屋下壇之建築構造，所有屋頂全覆寶藍琉璃瓦，襯之二三層的藍、綠、鏤金和一樓朱紅、鏤金色彩，尤顯得絢爛宏偉，而且莊嚴壯觀。全棟木造無一枚鐵釘，而由二十八根木柱支撐，可理解古人「敬天禮神」的極致。祈年殿為明永樂十八年（1420）落成；清光緒十五年（1889）觸雷焚毀後重建，是往昔北平最高建築物。

皇穹宇隔著丹陛橋遙對祈年殿，始建於明嘉靖九年（1530），以前是雙重殿檐、綠色琉璃瓦；到清季乾隆十七年（1752）才改為現在單檐藍瓦，外觀和祈年殿相同，只是兩層、規模較小而已。殿內供奉皇天上帝和皇帝祖先的神主。皇穹宇台階石級之下，正中有一塊「迴音石」；殿外有一道圓形水磨磚圍牆，也就是一般人說的「迴音壁」：壁有五點八公尺，圓半徑約三十一公尺：如果東西兩底端處，甲靠牆說話，聲音可以傳到一兩百公尺遠的另一端，語音清晰，餘音嬝嬝，非常有趣。

圜丘壇在皇穹宇南邊，建於明嘉慶九年（1530），清乾隆十四年（1749）改建，為一座露天巨大圓型石台，全部用漢白玉砌成，也是三層，皆有石級，石欄杆和一個圓形大平台。這裏才是祈雨祀天的禮壇，每當天旱或冬至祭天時，自皇穹宇將皇天上帝之神位迎奉此地，恭行祭祀禮拜、儀式完畢後，神位送回原處。

遊覽車直駛「前門」（又稱正陽門），來到了天安門廣場。以天安門為中心的長安東街和西街，不但越修越長，而且越拓越寬，單向可以八車同駛，加上人行道，當您步行穿過斑馬線時，自然能感到個人渺小而加快腳步了。

「天安門」起初是一座三層樓式之木牌坊，正中匾額書有「承天之門」四大字。英宗時火毀，憲宗成化年間修復，改築磚台建重簷城樓，明末又毀於火。今日之「天安門」是順治八年（1651）改建之皇城正門。格局為東面寬九間，進深五間之兩層重簷城樓，總高三十三點七公尺，其下是白玉石之須彌座，座上為高有十餘公尺磚台，磚台上就是這巍峨的門樓大殿，屋頂重簷都是金黃燦爛的琉璃亮瓦，的確非凡。天安門前有弓形的「金水河」，河上五座金水橋；兩岸有四隻栩栩如生的白玉石獅子；兩側聳立一對漢白玉石華表。

金水河南岸，便是目前全世界最大的「天安門廣場」：南北長八百八十公尺；東西寬五百公尺，占地面積四十四萬平方公尺；四周有龐大建築物，高雅的街燈（地下電線），及蔥綠的道路樹……。平常是人們散步、遊覽和觀光的地方；節日是慶典集會的場所；有時更是示威遊行活動的敏感地帶。

天安門在明清時代皇帝即位、或冊立皇后，宣讀詔書，頒告天下的地方；皇帝出巡、祭天要在天安門路祭；派軍出征，皇帝則率文武百官在天安門祭旗送行；皇帝的婚禮喜事，必從天安門進來。（任何人之喪禮，包括皇帝，皆嚴禁出入天安門！）

天安門右前側之長安右門，明清兩代，每年霜降之後，刑部重犯複審定案，犯人若被帶入，一如投之虎口，極難得活命機會，因此，長安右門又稱為「虎門」。天安門左前側之長安左門，卻是明清科舉貼「黃榜」的地方：當時的進士題名金榜，就懸掛在臨時搭建的高大「龍門」之上，真是「十年寒窗無人問；一榜成名天下知。」從此晉身權勢名利，引人欣羨！這樣地左右鋪排，兼有喜惡，無非顯示皇帝君臨天下權勢之崇高偉大！

午門是紫禁城的正門，越過天安門、端門，來到這紅牆黃瓦，朱漆大柱，坐落在凹形墩座上，高三十五點六公尺，正樓為九開間寬，進深五間的重簷廡殿頂建築。正樓兩側有四座重簷四角攢尖式方形亭樓，亭樓皆有廊廡聯接，翼輔正樓一若雁翅，所以又稱「雁翅樓」。整個午門形制，沿引「以雙闕表門」發展，因此又有「午闕」或「五鳳樓」之稱。

正門城樓有三個大門：正中大門只有皇帝才可出入，大

婚時皇后入宮也可走一次；科舉殿試欽點的狀元、榜眼、探花，出宮之時也可以走一次，其他的人都無此機會；帝制推翻，民國建立的今日，全國人民無分男女老幼和職業，已沒有這些禁忌了。右大門由皇室王公行走；左門給文武百官出入。正樓設皇帝寶座，每遇戰爭軍隊凱旋，皇帝將移駕午門接受獻俘之禮。每年元宵節，午門懸燈結綵，皇帝在正樓賜宴百官，與民同歡。正樓左右設置鐘鼓，皇帝駕蒞太和殿行大典時，鐘鼓齊鳴。皇帝若往廟壇進香，出午門時鳴鐘；如祭太廟則擊鼓，儀禮十分莊嚴。

我們偕同參觀民眾，自午門正中大門進入：又是石板廣場；金水河由西向東流去，兩岸曲折多姿的白玉護欄，形似玉帶環抱太和門。金水河上跨有五座白玉石橋，通稱金水橋：正中是皇帝專用的「御路橋」，兩邊的望柱欄板金雕龍鳳圖案；御路橋左右兩橋稱「王公橋」是皇宮宗親走的；王公橋外的兩座邊橋稱「品級橋」，為三品以上文武大臣走的。王公橋和品級橋均飾之荷花圖案。

緩步走過了御路橋，佇立廣場，面對著宏偉壯麗的太和門。太和門為面濶九間，歇山重簷之建築，是紫禁城裏最莊嚴、最宏大的門了。東側有文華殿是每年舉行經筵的地方，殿後的文淵閣珍藏了四庫全書三萬六千冊。大和門西側是武英殿，乾隆時在此校刊內廷書籍，此殿西北的浴德堂，傳說是香妃沐浴之所。

過了太和門，便可望見太和殿。門殿之間是一片佔地三萬多平方公尺的廣場；正中是巨大石板鋪成的一條御路通道，廣場全鋪磨磚對縫的「海墁」地磚。御道兩旁放置著銅製品級山：自正一品、從一品到正、從九品共十八級，典禮之時，大臣們依自己身份，循文東武西的規矩，跪在品級山處，遙遠地向至尊皇帝叩頭！

太和殿、中和殿、保和殿通稱三大殿，為外朝區域的中心，也是整座紫禁城當年的重點建築。三大殿前後巍峨排列在一龐大的「工」字形白石基上；台基高八公尺，計三層，每層皆白玉欄杆圍繞，每根欄柱底部都有龍首雕飾，共計一千一百四十二個。艷陽麗日，形成千百個壯觀投影；若是甘霖豪雨，三層台基上的積水，流經龍首嘴中噴出，層層飄落，又是另一幅千龍吐水的奇景！

太和殿前的丹墀，正中有雕刻精緻的雲龍白玉御用階梯。露台東設「日晷」；西設「嘉量」之外，還有銅鑄的龜鶴和四個大銅缸：象徵金甌光華外，也是防火之太平水缸。龜鶴腹中置有香爐，皇帝早朝時，鐘磬齊響，鑼鼓聲動之際，縷縷御香輕煙，裊裊地自龜鶴口中，飄浮上升，倍增和諧，肅穆氣氛。

太和殿就是俗稱的「金鑾殿」：是萬國衣冠拜冕旒的所在；是明清兩代的行政中樞；也是皇帝登基、萬壽、大婚及國慶節日接受朝賀的地方。

太和殿正面門寬十一開間，計六十四公尺；進深五間三十七點一七公尺長；總高三十七點四四公尺，為我國古建築中最高大的宮殿。殿內有七十二根楠木大柱，以金色調為主，青綠為底的和璽彩畫，自陰暗之殿內閃爍發光。殿之正中設有金漆雕龍寶座，寶座兩側有六根蟠龍金漆柱，座後是七片連裝金漆大屏風。寶座之正上方為雕著口銜寶珠的蟠龍藻井，配上周圍金龍飛鳳之井口天花圖案，顯示出十分雍容華貴、至高至上氣派！

中和殿在太和殿後面，呈正方形，四面都是五開間，是皇帝臨朝太和殿之前小憩的地方，皇帝在此先閱覽一下奏書，並接受內閣、內務府、禮部和侍衛等執事的跪拜。

保和殿又在中和殿之後，這是清代皇帝宴請王公；或公主下嫁宴請駙馬處；乾隆以後的殿試也改在此處舉行。

保和殿後有御道，走過庭院橫在眼前的是一座華麗宮門「乾清門」。這是內廷的正門，門前一對金獅和十個金缸左右排列。清代皇帝有時在此聽政，康熙皇帝曾在這裡決定「平三藩」、及收降「台灣明鄭」等重大事件。

越過乾清門，便是內廷，這裡的宮殿庭園、樓台亭閣，櫛比相連而且建造精麗：這些是皇帝后妃日常居住活動的空門，又稱內廷，是以乾清宮、交泰殿、坤寧宮為主體，總稱後三宮。乾清宮和坤寧宮象徵天地乾坤。乾清宮東面是日精門；西面有月華門，象徵日月。東、西兩側各置六宮，象徵十二星辰：這些宮殿樓閣，就是所謂之「三宮六院」，也住著三千粉黛！

坤寧宮之北有御花園，面積是一萬二千多平方公尺，以欽安殿為中心，左右前後分布著十多座亭台樓閣，曲池水榭，滿眼是翠柏蒼松、奇花異草。欽安殿為明代建築，構造特殊，屋頂是平的，殿內供奉玄武大帝。御花園東有絳雪軒：乾隆帝曾在此賞雪吟詩。絳雪軒對面遠處是養性齋，為樓閣式的藏書樓，樓前有假山點綴，「四庫薈要」即存放此處；末代皇帝溥儀，曾在樓中學習英文。

御花園東北有堆秀山，高十四公尺，用各種形狀的大湖石堆成，山前一對白玉石刻龍頭，噴水高達十多公尺；山頂建御景亭，每年的重陽佳節，皇帝偕同后妃們來此登高眺望，或也是一償民間之風俗吧！

自午門到御花園為紫禁城的中央宮殿羣，東西兩側另有華麗的建築宮殿。從乾清門兩側之月華門進入，是養心殿和西六宮：是清帝和妃后們居住生活處所。西六宮是：太極殿、永壽宮、長春宮、咸福宮、翊坤宮和儲秀宮。

養心殿中之西暖閣，是雍正至咸豐皇帝召見軍機大臣之處；東暖閣則為慈禧、慈安兩太后「垂簾聽政」的地方。

如果從乾清門東側之日精門進入，便是東六宮。主要的建築是：齋宮、奉先殿、景仁宮、鍾粹宮及毓慶宮等。鍾粹宮原名咸陽宮，為皇太子居所，故有東宮太子之稱。

東六宮之東側，更有一組佔地四萬六千平方公尺，自成體系的宮殿園苑之寧壽宮。（習稱外東路。）當初建造構想是說乾隆皇帝禪讓之後靜居處。如樂壽堂、頤和軒、符望閣、皇極殿、養性殿、古華軒……：無論室內裝璜、珠寶及書畫珍藏，或庭院、假山、水池……暨四時花草樹木，應有盡有，十分雅致豪華！人們稱之為「乾隆花園」。

離開乾隆花園，看到貞順門內一口古井，導遊指著告訴我們：「這就是紅顏薄命的『珍妃井』啊！」

出貞順門西行，可到神武門。如果說午門是紫禁城的前門，那麼，神武門就是紫禁城的後門了。

1984年夏，我曾參觀巴黎凡爾賽宮、羅浮宮；如今遊覽北京宮之餘，又等於上了一節世界政治、藝術史；讚嘆，歡欣兼而有之。畢竟，今日民主自由時代中的人民幸福多了。

頤和園

七月十日（星期日），天氣晴朗，我們乘遊覽車到了名聞遐邇，依山傍水，絢麗多姿的頤和園。頤和園位在北平西北部，由萬壽山和昆明湖組成。明朝時代以西山層巒疊翠，林木蘢蔥；兼及湖水之碧波蕩漾，因此陸續營建了許多亭台廟宇……。乾隆十五年擴大規模，廣建宮苑，稱為清漪園。咸豐十年秋，英法聯軍破京師，入園劫掠珍寶，縱火焚燒！翌歲，慈禧垂簾，移用海軍國防經費數千萬銀兩，整建園林宮殿，取名為頤和園。

我們從東宮們進入，先遊覽仁壽宮為中心的政治活動區，及光緒皇帝、后，和慈禧所住的宮殿。東宮們是頤和園的正門：共五門，正中大門簷額下，高懸九龍金字大匾，上題「頤和園」三字，是光緒帝手書。轉仁壽門到仁壽殿，仁壽殿兩側有南北配殿；加上仁壽門外之南北九卿房，構成頤和園之政治活動區。仁壽殿堂的屏風、寶座、掌扇、鼎爐……，全是最好材料，所有圖畫、書法、雕刻、油漆，富麗堂皇，華美極了！光緒和慈禧在此接見大臣，處理國政，兼享皇家園林之福！

我們離了仁壽殿，展顯在遠處的就是昆明湖和萬壽山。導遊引大家進入湖邊的玉瀾堂（光緒之寢宮），東配殿名霞

芬室；西配殿是藕香榭。兩座配殿中有一堵砌到屋頂磚牆：傳說是「戊戌政變」後，慈禧軟禁光緒，防止光緒與外界接觸……。紫檀和沉香木鑲嵌雕製的寶座、御案、香几……，靜寂地陳列著；引起我一陣惆悵！

步出玉瀾堂來到樂壽堂：這是一所大四合院，樹木花草，別有韻味，每年春天，園內的玉蘭、海棠盛開，尤顯清麗，正門高懸「水木自親」匾額，前臨昆明湖，遠處有碼頭，據言慈禧從水路進園，都在這兒下船。

樂壽堂為慈禧六十歲誕辰後起居處，其中仙樓之對聯是：「座右圖書娛晝景；庭前松竹藹春風。」橫額是：「與和氣游」四大字。另有「壽膳房」為八所大四合院組成，當時排場之大，著實驚人，光是廚師就有八十四人，加上茶食點心、奶製食品的師傅，共計一百二十餘人云云，無怪民間傳說：「帝后一席飯，農人半年糧！」

中午我們在「符望閣」用餐。以往之帝家宮室，今改營為酒店餐館：樓上樓下，佳賓滿座，稍加審視，幾全是觀光之海外遊人。餐後，我們漫步「長廊」，或行、或坐；或觀覽園苑風景、或遠望湖中各色之遊船往來。長廊迴婉曲折，變幻雅趣，所以又稱「廻廊」，全長七百二十八公尺，枋梁之上，繪有八千多幅山水、人物、花鳥；或曆史故事、神話傳說等油彩畫，生動雅致，極得遊客欣賞。

上萬壽山到排雲殿、正殿面闊五間，加上兩側耳殿，共為二十一間，建構華麗，氣派非凡，當年慈禧壽辰，都在這兒接受大臣賀拜。排雲殿名典出古詩：「神仙排雲出，但見金銀台。」之句。

不久，大夥兒來至佛香閣，閣高四十一公尺，八面建構三層樓、四重簷；閣內有八根梨木大柱，直貫閣頂。遊人可在高閣的圍廊上，憑欄俯視整個昆明湖景：湖水寬達二百公頃；湖中兩堤，六個島嶼、九座橋。景觀仿四大名湖建造：西堤一帶是西湖蘇堤的翻版，春季是杏林絢錦，柳岸垂絲，桃花灼灼，晨霧迷濛。鳳凰墩小島四周模仿太湖景致；西湖景明樓以東，有洞庭湖岳陽樓之意境；西湖北區無疑是昆明池之再現。

離了佛香閣，來至湖畔「清晏舫」：這是一艘石雕兩層閣樓的巨船，又稱石舫；內設茶座，布置高雅。船首四個突出龍頭，不但石雕精致，每當下雨之際，龍口之中自然地吐出水來：這些水是船樓頂層存儲雨水，經由四根中空石柱引導而來，噴水滔滔，匠心獨具。

自清晏舫艇到南湖島。島上建築以龍王廟為主；而連接東岸的，就是著名的十七孔白石虹橋。此橋長150公尺，漫步過橋：仰望蒼穹幾縷白雲；憑欄俯視碧水蕩漾；極目全湖之浩渺烟波，幾疑置身於長虹彩帶之上！橋側岸邊之花園廣場中，蹲臥著一隻大銅牛，係乾隆二十年（1755）鑄造，壯碩即墨，栩栩如生。背上鐫銘文八十篆字：是乃鎮水神牛。

順路北行，西側有一小島。島上「知春亭」為綜觀全園之最佳地點。向西眺望：萬壽山佛香閣是近景；西堤玉泉山乃中景；那綿亙起伏之西山為遠景：靉靆翠薇而且空靈之湖光山色，的確是如詩如畫。

萬里長城

七月十一日星期一八時約莫，我們乘遊覽車離了華都飯店，出了北京城，繼續朝西北方向公路前進，有時可以看到「京包鐵路」京張段的軌道和村落，（京張段鐵路自北京達張家口，長三百七十餘里，為著名鐵路工程師詹天佑先生主持策督之我國最早自建鐵路，歷四歲於1909年告成，民國八年七月五立碑紀念。當時總統徐世昌撰文致祭於詹氏銅像之前，銘文有「……神京西北，逶迤原隰。飛梁穴山，雷殷電翕。君之始事，中外危疑！及其成功，鬼設人施。眾歸君能，異喙交譽。……」之贊詞。）過昌平，南口之後，起伏丘陵，滿眼蒼翠。十時許來到「居庸關」。（居庸關原為察哈爾省延慶縣轄，中共廢去察省，將居庸關併入北京市。）居庸關一名軍都關，又名薊門關。北齊時改為納款關。元睿宗在此設南、北口；明太祖洪武二年（1369），命大將軍徐達疊石為城，築建雙層防砦，異常堅固；遊覽車在此公路上稍事歇憩時，我把照相機鏡頭，仰攝了一幅青山長城之上，石嵌「居庸關」三大篆字的照片。過青龍橋，谷深山陡，峰嶺連綿；十一時左右我們到了目的地「八達嶺長城」。

八達嶺長城如今是北京旅遊事業管理局的重點樣板，尤其今年又是北京的國際旅遊年，因此，沿途的遊覽車絡繹如龍；滿街滿道盡是人潮。看大家的膚色、服飾；聽眾人的笑談話語：男女老幼有外國人士、海外華僑、港澳台灣，以及各省市前來的人們，熙熙攘攘十分熱鬧。

我隨著人羣走上八達嶺長城，城路甚陡，四五處還有石階，途中三四處歇腳台地：人們或繼續前進、或倚樹傍砦眺望、或坐石椅小憩。我到了長城之巔，自平台俯視山下廣場，以及延慶市街之住家商店，附近一帶鮮花遍野；瞭望四方之翠谷青山，風光十分明媚。明朝王士翹先生說：「居庸之險，不在關城，而在八達嶺。」八達嶺屹立軍都山之上，北往延慶；西去宣化、張家口與大同；東到四海、永寧……，交通四通八達，所以命名「八達嶺」。這一帶的城牆全用花崗石砌成，城高七點五公尺，厚四公尺，建於明孝宗弘治十八年（1505），關城東門額有「居庸外鎮」四大字；西邊則鐫「北門鎖鑰」：如果說居庸關是古代故都門戶，八達嶺真似一把堅固鐵鎖！

我持望遠鏡尋覓山嶺間的「京張段」鐵軌，依稀可見……，那「人」字、「Z」字路軌驚奇之旅：火車上居庸爬高坡過青龍橋，然後轉山坳再往上爬的說法；我兩次乘小火車上「阿里山」的旅遊經驗，可以體會。因此，深深地以來到青龍橋車站，肅立於詹天佑先生銅像前致敬。

我在八達嶺長城正中城樓，向左望去三四處塞樓是越遠越陡；右方二三塞樓的坡度比較舒緩；儘管此刻已經是十一點又廿六分鐘了，左右兩條長城的遊人幾若蟻陣。

長城屹立我國有兩千多年歷史，約當西元前七世紀春秋齊國的山東濟寧、臨沂之間，築起了最早長城。稍後楚國也在河南省沁陽，至湖北省竹山縣一帶也築建長城。西元前三世紀，趙武靈王為防匈奴南侵，自察哈爾之懷安縣，和山西的天鎮縣北，經綏遠省沿陰山，西抵鄂爾多斯之後旗築長城一千多公里。邇後燕國與秦昭王修建長城：北方西起於察省懷來縣，迤邐於東北渡灤河、遼河，抵遼省遼陽縣長約五百多公里；南邊長城自甘肅岷縣，至陝西東北之黃河西岸，綿延計一千五百多公里。那燕國所築長城曾伸展至今朝鮮半島的「鄣塞」，高度雖然稍矮，然而，由此史實可知，長城也據為伸展國力之証明！

秦始皇帝為經略匈奴，大事興建和修築長城，綿延一萬餘里（約五千多公里），世稱：「萬里長城」，西起臨洮；東迄遼東山海關（今朝鮮黃河道遂安縣）：經過甘肅、陝西、山西、河北，遼寧五省，為世界七大奇觀之一。

漢武帝勵精圖治，拓土開彊，所築長城往西延伸到鹽澤（即今羅布泊），長廣超過一萬公里。它極西遺址為甘肅敦煌（唐朝壽昌城）西南七十公里之「陽關」；也就是經常令古人淚眼盈盈之「玉門關」。唐王維之「渭城曲」：渭城朝雨浥輕塵，客舍青青柳色新；勸君更盡一杯酒，西出陽關無故人！又王之渙「出塞」詩：「黃河遠上白雲間，一片孤城

萬仞山；羌笛何須怨楊柳，春風不度玉門關！」我望著起伏綿延，宛若遊龍的長城，不禁又為古往今來的烽火征戰的離人怨婦，一掬同情之淚！

聽導遊說，山西省偏關縣和內蒙烏蒙清水縣之間，三十公里的長城高牆及四座烽火台，已為附近居民拆走去蓋住房、豬欄、羊圈……去了。中共國家文物局正緊急處理中！

南京

七月十三日（星期三）上午八時二十分，我們XT-0607旅遊團在北京機場，乘中國民航BZ614俄製客機起飛，儘管盛暑驕陽，艙內之空調舒適，九時三十五分飛抵南京上空，臨窗俯視金陵形勝：長江如帶，鍾山聳峙，玄武、莫愁二湖，好像兩顆明珠！九時五十五分我們在機場大廳等候中國旅行社南京分社的專車和地陪。聽隨團之導遊說，南京分社弄錯了機場，剛才全陪聯絡上了，可能要等候三四十分鐘吧！

機場大廳尚稱高敞，然而不大，如果有三二百客人，可能就得撐破了；室外烈日氣溫高達攝氏四十度，大廳竟無空調設備！幸好僅有我們一團三十九人，歇憩時寬懷靜待。我利用這段空擋，先與機場人員招呼敘談，然後借他們公務電話（公共話機只一具，而且壞了！）和朋友聯絡，約時請來旅社。

我們坐上來接的遊覽車，往西駛出水西門先到「莫愁湖」公園。莫愁湖周圍五公里，碧水澄清類若一面明鏡，湖中植有菱荷；湖畔楊柳嬝娜；亭台樓閣，處處秀麗古雅。莫愁為六朝時美女，樂府、石城樂之一：莫愁在何處？莫愁石城西，舟子打兩槳，催送莫愁來。又一曲：聞歌下揚州，相送楚山頭；探手抱腰看，江水斷不流。

湖濱小坡有華嚴庵，庵內之勝棋樓，傳係明太祖與徐達奕棋處，樓上正廳中懸對奕啚，左聯：鐘阜開基；右款：石城對旁。原建築於乾隆五十八年（1719）焚毀，現在樓宇係同治年間重建，樓前長廊有對聯：粉黛江山，留得明湖煙雨；王侯事業，都以一局棋枰。樓下鬱金堂懸掛莫愁畫像；廳堂前金魚池中蓮花島上，豎一白玉大理石手挽桑籃之莫愁立像，婀娜輕盈，林園因之添香。

同樓樓下，另有展覽室，其中一館廳堂之中，陳列一玻璃棺柩，裡面一具出土不久之宋朝女屍；髮烏晶瑩、乳房飽滿，說明卡寫著，挖出時，肌膚仍有彈性，內臟今另存之葯水玻璃罐中……。

午餐在秦淮河的夫子廟街享用當地烹調，舉箸小酌，臨樓窗下眺街景和河上舢板，杜牧詩句：「烟籠寒水月籠沙，夜泊秦淮近酒家。」在腦幕浮掠而逝。以往舊社會，舊市場之小吃攤、雜耍、大鼓說書、拉洋片、算命、擺棋譜、賣膏藥……喳喳嚷嚷，如今都看不見了；夫子廟大成殿和前院仍可看出舊日容貌，這夫子廟一帶已建設成明朝時代市集，店員皆穿明代服飾，出售各省市之土產或工藝品。我們散步參觀，只見家家店門緊閉不作生意，走前端視店前懸掛牌匾，才知他們營業時間是從下午三點鐘開始的，聽導遊說，這種明代市集自1986年開放至今，儘管舊時妓樓舞榭不見了，那娟艷黠慧的董小宛，李香君作古了；但是，茶館酒肆仍櫛比鱗次，商賈繁榮，更引來許多異國或海外旅遊人士，熙熙攘攘，猶盛往昔。

遊覽車駛至雄偉的中華門（原名聚寶門，又叫甕城）內下車，步城階拾級而登；此處門券為四層，城門上有千斤閘，城牆有二十三穴藏兵洞，可供兵士三千駐守。城頂原有巍峨城樓；如今只剩下四層光禿禿的門券，平台上或斑剝凹凸，或蓬蒿處處，悽涼落寞在夕陽餘暉中！

晚宿察哈爾路九〇「丁山賓館」八〇六號房，游廣祥夫婦來訪，敘談近兩小時，十分愉悅。（游先生係余稔田學生游廣順君之二哥，現任中共鐵道部大橋工程局二橋處總工程師，高級工程師。）

翌日早餐後，我們乘車往由三面環山，碧波盪漾，周長十五公哩，面積四百四十四公頃的玄武湖。

玄武湖古名桑柏，又叫後湖。六朝時帶湖面更大，湖水可以直通長江。南宋孝武帝和齊武帝，曾在此訓練水軍。六朝以後泥沙淤積，湖面縮小。古代曾有「廢湖遠田」之議，明代建黃冊庫，儲藏全國戶口粮賦簿冊，清末闢為公園，真是粼粼湖水，鬱鬱小山；兼有亭台古剎之勝。

遊覽玄武湖，可以乘坐馬車；可以輕舟搖槳悠遊五洲：環洲上湖石假山外，有遊戲場和喇嘛廟；梁州之名勝古蹟更多，登高「覽勝樓」眺望對岸之南京火車站，媲美海市蜃樓；湖心翠洲有紀念塔、三橋和長堤，可以爭艷西湖方橋；

櫻州遍植櫻桃，每屆春夏花園錦簇，美不勝收；菱洲風情，那白點花朵在荇蓋蓮裳叢中，耀日沁人。

遊覽車駛出玄武門，經中央路、中山路至大圓環，左轉中山東路，來到鍾山南麓之中山門。鍾山又名蔣山，山上時浮紫氣，故又稱紫金山，為茅山支脈，岡巒起伏，氣象萬千。

中山陵在鍾山南麓，海拔二百七十餘公尺，佔地二千多畝。陵墓依山建築：民國十五年動工，十八年春完成：主要建築有廣場、牌坊、墓道、陵門、祭堂和墓室。由牌坊至祭堂，升高七十多公尺。牌坊聳於立山麓廣場，華表藍瑠琉瓦下三道大門，正中大門橫額有　國父手書「博愛」兩巨字。牌坊對面的廣場盡處，立有　國父銅像，手勢擺動，正在演說！我們隨在謁陵人羣，進入牌坊步上墓道。墓道十分寬敞，兩旁種植成排之松柏、銀杏。行約五百公尺來到陵門，上題　先生手書「天下為公」四大字。拾級繼續攀登，此時午陽當空，我虔誠肅步中央梯階來到碑亭，碑刻「中華民國十八年六月一日中國國民黨葬　總理孫先生於此」二十四字。過埤亭，再登二百九十級石階抵祭堂，堂前大平台之兩旁各有一座華表及一座巨銅鼎。祭堂有三拱形大門，門楣分刻「民族」、「民權」、「民生」篆字。墓室大門兩扇，外門橫額「浩氣長存」；內門鐫「孫中山先生之墓」七字。中央墓壙高敞廣大，我們循壙圍欄杆，瞻仰壙穴中寢台上之
國父辭世時之大理石遺容，枯槁慈祥；轉念民國多難至今，

不禁淚水盈眶！（石像可以移動；然後水晶棺柩昇起，供中樞祭祀禮云云。）

午膳在「美齡宮」：此一華麗別墅，以往為宋美齡女士居第，如今改為大飯店兼營外賓百貨公司；樓上宋氏之客廳、臥房，保持如昔：「舊時王謝堂前燕，飛入尋常百姓家！」餐後略事參觀，不免有此感觸……。

明孝陵為朱元璋和馬皇后合葬處，位於中山陵之西，當年廣袤峻偉，四周築有垣牆，由官兵幾千人駐守，明亡後，迭經兵燹，現有陵墓建築多已損毀，遊覽車經過部分御道時，只看到了兩旁二三翁仲和石獸幾種，以及陵園門前刻有：「諸司官員下馬」的石坊！

遊覽車特至靈谷寺，寺中有無梁殿、松風閣、靈谷塔、寶公塔和玄奘法師紀念堂：信女善男與旅遊人士絡繹於途。無梁殿係明朝建築，磚石砌成，不用梁柱，誠我國磚石建造傑作。玄奘法師紀念堂正廳神案之寶塔內，供奉著勝利後自日本迎回的唐僧舍利子，檀香飄裊，靜寂空靈。

遊覽車自鍾山下西南山麓，出中山門經漢中街至清涼山公園（石頭山）。傳說：諸葛亮和孫權曾駐馬石頭山上，武侯指著山下長江，盛讚金陵形勢：「……鍾阜龍蟠，石頭虎踞，真帝王之宅也。」就是南京為「龍蟠虎踞」之由來。余欣賞之餘，有感仲謀吳大帝性度弘朗，仁而多斷：特攝陵墓之照片乙幀以為留念。

遊覽車循虎踞路，穿越中山北路到大橋南路，入大橋公園；也就是說，過了以前的挹江門，來到了下關。當年對岸的浦口和下關之間，靠渡輪交通運輸，津浦鐵路列車也經渡輪到小關，再和京沪鐵路接軌，非但運輸量少，而且耗時費事；如今，跨越長江天塹的鐵公路雙層鋼梁長橋「長江大橋」，華麗高貴地一似長虹地展顯眼前。這座鐵公路兩用大橋於1960年春開工，至1968年底落成：公路總長四千五百八十九米，寬一九點五米，兩側有行人專用道；鐵路橋在下層，全長六千七百七十二米，寬十四米；正橋長一千五百七十七米，兩端有四座橋頭堡，每座高七十米。江中有九個大橋墩和十孔鋼梁，每孔鋼梁跨度，除江北第一孔為一百二十八米外，其餘都是一百六十米。每座橋墩高八十米，基礎面積四百多平方米。從水面至橋墩為三十五米左右。我們在大橋公園的「長江大橋辦公大樓」乘電梯上至頂層平台眺望：那江水煙波，浩浩湯湯；那江上船艦，排浪而行；此時江風驟大，天空烏雲迅集，俄而細雨霏霏，遙望遠山迷濛，幾疑身在畫圖中。

今日上海市

我於七月十六日到上海，住了四夜五天。

上海是大陸沿海十四個對外開放的城市之一；為我國最大工業基地和海港，也是支援內路建設重要的經濟中心。

相傳：吳淞江近海古稱「滬瀆」，故簡稱為「滬」；又因曾是春秋戰國時代，為楚春申君領地，又簡稱「申」。

上海是面積現為五點八百平方公里；人口有一點一八五萬。（城市的約計七百萬人。）轄十二區，十縣。

上海市的南京東路，中山東路以及外灘一帶，目前是大陸最大的零售商聚散地，和貿易商業信息的總匯。

據導遊說：「目前，每天湧來這一帶地這區人潮，劇增到一百六七十萬人次……。」我佇立外灘碼頭，向黃浦江眺望：浩翰的烟波上，有無數商輪、巨艦、輪渡與船舢往來；或停泊在左右對岸。而外灘行人徒步區，熙熙攘攘的人潮，在一座座噴泉大水池旁、在綠蔭大道上流連、徘徊、敘談、攝影……。沒有擾人的小販；倒有不少如影跟隨的人兒，他會附耳悄悄細語告訴你：「外兌券一元，換人民幣一元七角。」同時乞求你兌換……。有一個人竟問我：「先生，您有台灣硬幣五元、十元嗎？我願將這一疊六張外灘風景彩色照片，和您交換如何？」

南京東路、中山東路近外灘一帶，櫛比鱗次的五六百家商店：無論是餐飲業、果餅舖、烟、酒、茶葉、中西葯品、圖書雜誌、音响電器及百貨公司……幾乎是顧客盈門。腕錶已十二點八分，饑腸轆轆走過多家餐廳、菜館，全是排隊人潮。眼前又見「杏花樓」，我和銀侄上了二樓，四五十桌都是食客：高斟淺酌地笑談；舉箸添飯的勸菜……。我倆坐入已有兩位客人的小餐桌，點了三菜一湯，等了二三十分鐘，才陸續上菜；要了一瓶啤酒，飲啜、談敘。（自然也和那一男一女食客言談，那青年男仕說，他的一位母舅七十多歲了，目前住在台北縣的新店……；真羨慕台灣的繁榮進步。）

昔日的八十六公尺高的「國際飯店」已黯然無光；我住的是九十一公尺的「上海賓館」，那一百零七公尺的「聯誼大厦」，一百四十公尺的「電信大樓」，一百四十三公尺的「希爾頓飯店」，一百五十二公尺的「錦江分館」，還有一百六十公尺高的「展覽中心」（舊哈同花園原址）；高樓華厦一一平地聳立；睨視著紅磚灰瓦的市民住宅！

豬肉已漲到每斤四元二了……。居民住宅面積只有五平方公尺（不到兩坪）。資歷二十多年的大學教授，月薪約為一百六十元；醫生（無私人開業的。）大致彷彿；勞動男人工資每天八至十元、女性六至八元吧。（鄉村更低。）

很多街道的兩旁，架設鐵欄杆，防範行人走上馬路；大多數的馬路上，汽車要讓腳踏車和行人：好像台灣二十五或三十年前情況！馬路幾乎叫不到計程車；在賓館或HOTEL持房鑰匙牌登記要車：計程車會準時開來，送到目的地後，依公價收費，且給予註明起訖時間、地名，及價目的收據。公共汽車和電車，乘客擠得不易動彈……。

亟想轉變發展中的上海市，面臨的第一困難是「經濟結構調整的問題：以往的工商業是朝向內地市場；今後將改為外向貿易為主導。今春二月『國家外匯管理局』決定要上海設立『外匯交易中心』」。

第二為建設資金的問題：過去上海的財稅收入，絕大部份上繳，以支援內地各省；今年初，中共作了「財政大包乾」改革，就是確定了上海繳交的基數後，幾年內不變，其超過數歸上海所有，不足的自補。因此，上海的經濟發展，似乎有了新的活力。

第三是吸引外商投資問題：為此，上海市政府批了一系列的發展計劃，例如：（一）興建地下鐵路、黃埔江隧道、地下停車場、地下劇場、旅館、餐廳及通訊網路的地下城。（二）在浦東劃出三百五十平方公里土地，興建別具規模的新市區。更在徐匯宛平南路推出愛建大厦四棟——這是二十九層高樓，有電梯冷暖空調、煤氣、熱水器、進口衛浴、廚房設備、安全警報、消防龍頭、新穎電訊；大樓附設車庫、商場、旅館及餐飲部，銷售對象為華僑、台胞。預計1989年下半年竣工，每平方公尺售價一千美金，一次付清屋

價，特別優惠云云。

集娛樂、特覽、競技和美食的「大世界遊樂中心」，地點在繁榮的延安路和西藏路口，面積一萬四千七百多平方公尺。「文革」、「紅衛兵」時，「大世界」關閉當做倉庫，以後改為青年活動中心，稱作「上海市青年宮」。

「大世界遊樂中心」樓高五層，大門之內，倚牆而立的十多個巨大「哈哈鏡」，逗得遊客們笑聲不絕，樂不可支。一樓有各種雜耍表演；二樓是越劇院及「美食小世界」；三樓是各地民間遊藝和戲曲歌舞場；「大世界擂台」則在四樓，有許多競技項目如演說、奕棋、歌詠……吸引著年輕遊人；五樓是電動玩具、彈子房、雷射槍打靶、碰碰車等。

豫園（舊稱城隍廟），為江南著名林園：湖心亭中，九曲橋立，每日遊人如蟻……。淀山湖風景遊覽區，開闢了淀峰及大觀園兩個風景點，建了游泳池、水上運動場之外，更仿照紅樓夢的「大觀園」，布置了許多園林遊覽區苑。其他如：動物園、植物園、龍華寺……都是休閒好去處。

蘇州

七月十五日（週五）天氣晴朗，我們乘九時二十八分「直快」火車，經鎮江、丹陽、常州、無錫，於十四時十五分抵達蘇州市。

蘇州位於江蘇東南，瀕大運河和蘊州河之會合處，為京滬鐵路要衝，也是蘇嘉鐵路起點；太湖在左側，境內河湖交錯；是太湖流域文化、經濟、交通與絲織品中心。

早在春秋吳王闔閭時代（西元前513～496年），是國都姑蘇首府。漢時為會稽郡治，後改置吳郡。隋文帝開皇九年（589）命名為蘇州。宋時更名為平江府。明太祖將之恢復蘇州之名。清代為江蘇省治。國民政府裁府併縣，改稱吳縣。1949年中共擅以縣城析置「蘇州市」，縣城外之市郊區域，仍為吳縣。1988年人口為六十三萬。農桑、商貿、手工刺繡及玉雕，馳名中外。城內運河縱橫，船可及宅，有中國威尼斯之譽。加之園林名勝，山水風光之嫵媚，與乎蘇州姑娘之柔婉高雅：於是南宋范成大所撰吳郡志，將蘇州稱作「天堂」：從此，「上有天堂，下有蘇杭」的諺語，流傳至今。唐人杜荀鶴「送人游吳」之詩云：

君到姑蘇見，人家盡枕河；
古宮閒地少，水港小橋多。
夜市賣菱藕，春船載綺羅；
遙知未明月，相思在漁歌。

我們先去城西楓橋，運河之濱的寒山寺。「月落烏啼霜滿天，江楓漁火對愁眠；姑蘇城外寒山寺，夜半鐘聲到客船。」這首人人頌讚的張繼「楓橋夜泊」，是我少年時代神馳；以及教學詩文數十年夢寐企往之處。

寒山寺始建於梁天監年間（502～519），傳說唐初和尚寒山和拾得主持此廟得名。宋太平興國元年（976）重建七層塔。元、明屢有毀建。現在之寺廟為太平天國以後修建。寺前有廣場，廟門左側有江蘇省文物保護單位豎立「寒山寺」牌坊。正門額匾上書「古寒山寺」大字，兩位收票管理員敞衣蹺腿，坐在竹背椅上悠閑消暑！

入門玄關壁上鐫文甚多，經過庭園，中央是巍峨之大雄寶殿，殿後又是園林，而左右都是長廊；長廊之外仍是園林。我自大雄寶殿後之花園，轉至右長廊來到鐘樓：導遊說，張繼驚夢的古鐘，很早就不見了，明嘉靖年間另鑄了一口，明末竟被日人搶走；後來，日本和尚山田來華知道此事，乃於清光緒三十一年（1905），自扶桑將銅鐘奉送回寺；光緒三十二年冬季，寒山寺又精鑄一鐘置諸鐘樓，而將日本送回之鐘，放在大雄寶殿右側。左園有「江楓第一樓」建構雅美，登樓遠眺：姑蘇西部之獅子山烟霞蒼翠；倚欄近矚：古運河上舟舢往來，又是另一幅畫。

大雄殿後另有藏經閣，四壁環刻宋代張樗寮所書之「金剛經」。多處碑廊嵌有歷代名人如岳飛、文天祥、文徵明、唐伯虎等人氏石刻，可說是藝術珍貴之文物。走出寒山寺不遠，來到運河的楓橋之前，我傍著斜陽古樹，又攝了一幅綠波臥虹之照片以為紀念。

黃昏之際，我們趕至一家貿易公司參觀「時裝表演」：清一色的年輕女模特兒，穿著各式新款時裝，或輕盈活潑，或雍容高雅地在台上走過；台上有適當之霓虹燈光配襯⋯⋯。她們列隊出來謝幕時：那知琴款擺、那詠雪風姿，與絲綢衣裙之綽約，個個儀態萬千，真所謂「江南佳麗」！

我們住在姑蘇城東南十全街滾繡坊的「南林館店」。這飯店樓高十層，占地面積三萬五千平方米，環境幽雅，景色秀麗，為一座既有中國庭園傳統特色，又具現代化設施與服務大旅社：全店客房三百四十三間，床位七百一十五張，裝置空調、報警、呼喚、電視、電話、音響及完善之衛生設備。標準房四十五元、大套房一百零六元、小套房六十六元、經濟房十六及十一元兩種（以上價為美元單位）。共有餐所十二間，可供九百人同時餐敘，另有大型團隊宴會廳及少數賓客雅座，供應西餐和蘇州地方菜點。更附設商場、郵

電、酒吧、咖啡、醫務、按摩、音樂茶座，迪斯可舞廳、美容理髮、電報、複印、外幣兌換、洗衣及汽車出租與服務項目，留予我美好回憶。

次日早餐後先遊「拙政園」。此園位於姑蘇婁門內東北街，建於明嘉年間（1522～1566），面積二十八畝，共有三十一景，處處洋溢詩情畫意，全園以水池為中心，分東、中、西三部分，亭榭、樓閣，臨水池小山興建，布局採對比借景，分割空間之手法。樓房閣苑擺設之器用、字畫，皆古雅珍貴，有一台榭壁懸王安石之手書真跡：「四顧山光接水光，凭欄十里芰荷香；清風明月無人管，併作南來一味涼。」下署王安石晚樓閒望；另一廳堂有陸潤庠之篇刻長聯：

讀書取正、讀易取變、讀騷取幽，讀莊取達，讀漢文取堅：最有味卷中歲月。

與菊同野、與梅同疏，與蓮同潔，與蘭同芳，與海棠同韻：定自稱花裡神仙。

遊覽車離了拙政園；一逕朝北駛向虎丘而馳。

虎丘向有「吳中第一名勝」之譽，山高約一百餘尺，出城西約莫七里。山上一座傾斜的「雲岩寺塔」（建於後周顯德六年，即公元959年），為平面八角形之七層樓閣式建築，塔身磚砌外檐是磚木混合結構；磚砌部分全用彩畫裝飾，圖案精美，色調柔和，自宋清以來，曾經多次大修的過程中，陸續發現五，宋朝以及清初珍貴文物。如今，塔頂中心點和中心垂直線，斜度偏離達二點三公尺，主管單位已禁止遊客上樓了！義大利的比薩斜荷的歪斜為十二呎，1985年夏季，筆者曾登上五十六公尺高的塔頂臨風遠眺。

虎丘山麓有河通往太湖，盈盈綠水蕩漾，浮映著青山花樹；因此，三春佳節仕女偕遊，畫舫絲竹，斟酒高歌……。那「三笑姻緣」中，秋香船上的一笑，逗得唐伯虎賣身為人書僮：才子佳人的故事，更為「虎丘」添上一章絢麗的談助。

留園是蘇最大的園林，面積約五十畝，園中之小橋池苑、長廊、漏窓、亭閣樓台與花卉樹木，依地勢營植，規模弘大幽雅，充分表現園林藝術中分合，虛實之巧妙，因而有「濃淡相宜數留園」之佳譽。

獅子林在城內東北隅，建於元代至正（1341～1367）年間，全園東南多山，西北多水，假山多用太湖之石疊造，兼有洞壑取勝，樓閣有長廊貫通，曲折盤旋，若隱若現，建構技巧玲瓏。石峰之外形極似獅子……。

滄浪亭位於城南，原是五代吳越廣陵王之花園，宋詩人蘇舜欽取漁父「滄浪之水」之詞，改建為「滄浪亭」。園中嵐光舟影，翠阜高林，亭台樓榭錯落於山水之間。明代歸有光著有滄浪亭記；浮生六記卷一「閨房記樂」沈三白撰「……幸居滄浪亭愛蓮居西，間壁板橋內一軒臨流，名曰：

『清斯濯纓，濁斯濯足』……隔岸遊人往來不絕……。」我欣賞滄浪園亭之美；尤羨三白芸娘「滄浪」之韻事。

我們又去蘇繡工廠參觀，工廠規模甚大，刺繡全係手工，刺繡員女子為主，男性不及十分之一，以透明薄絹作底，用彩色蠶絲線，以長短針法，分遠近層次，表現立體感為特色。我們靜靜觀覽幾間刺繡室，每室十餘人默默工作，一針針或刺山水樓房，或繡飛禽走獸，自然生動，維肖維妙；以貓犬眼睛而言，蘇繡創造出一種「施套針」，每隻眼睛，用十八種色彩絲線巧妙配繡，於是精靈活現的犬瞳貓眼，以及逗人喜愛的神態，正反兩面完全一樣，因此又稱「兩面繡」。總之，蘇繡與湘繡、蜀繡齊名：遠銷歐美，享譽全球。

杭州

七月十七日下午，我們在上海乘十三時又四十五分直快火車，於十八點半抵達杭州市，下榻環城西路，斜對面瀕近西湖「六公園」的「望湖賓館」；我一個人住五八六房，十分舒適。

杭州為我國六大名都之一。春秋時屬越；戰國後屬楚；秦名錢塘；隋煬帝開通運河，定名為杭州。五代吳越王錢鏐建都稱西府；南宋高宋亦以為首都，改名臨安；今仍係浙江省會，位於錢塘江下游北岸，大運河南端；有沪杭、甬杭、杭長及浙贛四條鐵路；公路更四通八達，無遠不屆；水運則浙江北部客貨均輻輳於此，舟輪出錢塘江、杭州灣而至東海、為浙江最大、最繁華地方：民康物阜，加上西湖風光綺麗，是以「上有天堂，下有蘇杭」之美譽，中外嚮往。

西湖三面環山，周約三十里，秀峰帆影，古剎名園……五步一亭，十步一閣；春花秋月，荷香梅綻……，風光之美有蘇東坡之「詠西湖」詩如左：

水光瀲灩晴方好，山色空濛雨亦奇；
欲把西湖比西子，淡粧濃抹總相宜。

西湖有十景，我們先遊「曲院風荷」：此時斜陽仍在遠山之肩，黃昏湖風，送來陣陣荷花清香，欣賞紅白荷花與農庄別墅，傍岳湖之岸過東浦橋、虹橋，入「岳王廟」瞻仰禮拜。廟後有岳王陵墓；墓前左側置鑄秦檜夫婦及万俟卨之跪像，遊人睹此奸佞，唾棄之餘，不禁嘆之再三！

翌日八時遊「蘇堤春曉」。蘇東坡出知杭州五六年間，曾將西湖疏浚整容，挖取之泥土更築長堤，自北山路跨虹橋起，至南山路映波橋，堤中仍有東浦、壓堤、望山及鎖瀾四橋，堤長二叉八公里，將西湖分成內外兩湖，更號之為「蘇公堤」。我們步入花港公園，在姹紫嫣紅之幽香中，欣賞清澈湖水裡，那雙雙對對，或一羣羣大大小小之錦鯉，載浮載沉、游來游去……，此乃西湖三景「花港觀魚」。

我們在遊艇碼頭乘馬達花船，浮碧波卸風瀏覽：船兒先至（三潭印月），此處又名小瀛洲，相傳西湖有三潭，其深莫測，古建三塔於其邊；今人以三塔為三潭。三塔圓孔內燃燭，燭光與月光相映湖水，漣漪偶生，恬然美極，故名三潭印月。此時南望，南屏山峭壁嶙石，梵宮佛閣若隱若現於茂林修竹中，傳來濟公神話，「淨慈寺」的二萬斤巨鐘之聲，自雲霄谷壁中飄入耳際……，是為「南屏晚鐘」。

遊艇傍雷峰塔之下而過，塔圮寺舊，未譪白娘娘觀感，斯乃「雷峰夕照」歟！船至西湖東南，一片垂柳，風拂柳盪，有如碧波，導遊語余：春初黃鶯和唱，與畫舫絲竹、和遊人笑聲，織成之行樂圖，的確是「柳浪聞鶯」。

「斷橋殘雪」在西湖之北，橋為拱形，若金鰲飛躍。冬季杭州偶爾飛雪，銀粧粉抹之斷橋山色，倒映湖中又是一幅美麗圖畫。「平湖秋月」在白堤之西，每當秋夜，碧空如洗，湖水似鏡，明月映入湖心，風飄荷香與弦樂歌聲，真是人間仙境！斷橋和錦帶橋皆在白堤：白居易任杭州刺史時，重修六井，築堤立閘以美化西湖。走過白堤，來到「平湖秋月」：這裡四面環水，島上有浙江圖書館、中山公園、浙江博物館、孤山、放鶴亭和西冷印社，（過西冷橋到北山路）樓外樓……幾家特殊店家。我們在「樓外樓」午餐，加點了西湖名菜：東坡肉、醋溜魚和叫化雞為佐酒之餚。飯後泡杯「龍井」之茶、倚樓窗遠眺「雙峰插雲」：這西方之北高峰和那南邊之「南高峰」，相距十餘里之間，有獅山、天竺山、飛來峰（美人峰）；層巒蒼翠中，傳來靈隱寺之隱隱鐘聲；而日光與湖光輝映，幾疑是太虛幻境。

下午乘遊覽車先去靈隱寺。寺在靈隱山下，東晉「咸和」元年（西元320年）惠理和尚所建，宋景德時，稱景德靈隱禪寺，明初燬，後重建。清康熙皇帝賜名雲林寺，為杭州最大佛寺。沿途進香善男信女及中外觀光進入遊人接踵；寺前廣場一片人潮。正門廣大巍峨，額頂兩層琉璃瓦下各有黃金巨匾：上層書「少林禪寺」，下層為「靈鷲飛來」的大

字，進入大廳供有佛座和菩薩，禮拜弟子合十跪禱，莊嚴穆靜；燭光煇煌，香烟裊繞。廳後中庭古樹參天，亭苑園圃錯落有置，正中大道直達三層之「大雄寶殿」。大雄殿後又是庭園古木，前進為另一神殿，額懸「最勝覺場」及「威鎮三洲」巨匾；左右另有神殿和別院；另有園林苑池，古樹修竹……。人們聊天時說，少林寺駐紮軍隊一二師，綽綽有餘，余有同感。

遊覽車改駛玉泉山，這是我國的第三泉（鎮江之金山泉稱第一；無錫之惠泉為第二）。因為時間關係，大家買了一些名產綠茶就離開了。

遊覽車直駛南高峰山麓滿隴桂雨風景區「浙江賓館」外貿商場。這一帶園林、別墅及道路設施，十分幽雅。商場中多色貨物非常精緻，全以外匯券交易。導遊告訴我：浙江賓館以前是林彪別墅，於1970年四月開始建造，時稱「七〇四工程」，占地三百零七畝。地面有四座風格各異建築物，總面積二萬八千四百五十二平方公尺；地下部份是坑道式建築，總面積四千多平方公尺，主通道全長九百六十公尺，大小房間四十七套，主要為防核作戰用以指揮之需，有五處進出口，每個進出口有三道鐵門，各重五百公斤，具防彈、防火、防毒之功能云云。

我們在附近遊覽區，欣賞古裝紹興戲及古典國樂之演奏後，駛往南高峰閘口，錢塘江邊的山中參觀六和塔。塔高約六十公尺八角形構造，外觀十三層，內部七層，為宋代開寶三年（西元970年）鎮治江潮而興建，神聖巍峨，為世界著名高塔。因為山高塔崇，俯眺遠處之錢塘江大橋美景如畫。導遊說：錢塘江入海口有「龕」、「赭」二山南北夾峙，使杭州灣形成三角漏斗狀，面積二千六百八十平方公里，當海潮上漲，而深度不足，沖向灣內，尤其澉浦以內，高浪翻騰，聲勢洶湧，潮差高達十公尺；每年中秋漲潮，起源於澉浦之尖山，至海寧而極盛；前來觀潮之人們也瘋狂如潮……。此時腦幕憶潮，湧顯蘇曼殊詩句：「春雨樓台尺八簫，何時歸為浙江潮……。」而流連徘徊。

七月十九日午餐之後，XT0607旅行團乘遊覽車逕駛杭州機場，飛往廣州轉香港先返台灣；我自己一個人則乘十六時二十一分軟座特快火車去上海市，敏銀侄夫婦來迎，住宿於上海賓館十六樓五號房間。

廈門、龍岩

七月二十二日禮拜五，十至十一時微雨，十二時薄日十四時半偕敏銀侄乘計程車至上海飛機場。廣播因為大雷雨，各線班機暫緩起飛；延至二十時五分始上5507班機，二十一時半安抵廈門機場，耀亭、順英趨前迎接，當晚住宿於「白鷺賓館」。

廈門位於福建省東南部，九龍江口外廈門灣中，美麗的商業小島，周圍面積一百二十公里。古昔因無數之白鷺、海鷗棲聚，又稱「鷺島」。島上僅西南隅為平地方外，幾全為山丘，因此人口聚居與商業貿易，集中在西南城區和鷺江對岸之鼓浪嶼。

廈門開發始自南宋，明洪武時，江夏侯周德興在此築「廈門城」為發端。明末鄭成功曾踞此為反清基地，並改名思明州；清代後用廈門之名；民國初年為思明縣，不久，恢復廈門之名以至於今。

廈門地當南北航道要衝，灣內水深港潤，風平浪靜。早在明清時代，即有多國商船聚集互市。中英鴉片戰爭（1842）之南京條約，闢為五口通商之一，於是繁榮甲於福建全省；不但是商港、漁港和軍港，而且是閩南僑民與外商貿易出入口。目前航空有飛機飛往香港、上海、杭州、南昌、北京、西安、南京、桂林和香港。公路密如蛛網外，有鷹廈鐵路貫通本省中部，直達江西，且有往福州、龍岩至坎市之支線。中共又將廈門列為「經濟特區」暨「旅遊區」，因此商業貿易和觀光旅遊，才又活絡起來。

廈門之風光明麗，山巖林立，如日光巖，醉仙岩、萬石岩、中興岩、太平岩、碧山岩、泰山岩、白鶴岩、寶山岩、雲頂岩與十多處名勝，遊人蒞止，恆流連忘返。

廈門大學在市區東南濱海處，為華僑陳嘉庚先生獨資辦理，後改國立，抗日時期遷至閩西長汀，勝利即遷返原址，五六十年作育人才極眾，為我國有名高等學府之一。校區寬廣，規劃有致，建築亦甚華麗；校門前之海灣，市政府闢有海水浴場，每屆夏季，中外遊人陡增，綠女紅男，逐波戲水之笑聲不絕如縷。

鼓浪嶼位於廈門港口，隔鷺江和市區遙遙並峙；鷺江路有客運碼頭，中山路海濱海公園處有輪渡碼頭，同文路有和平碼頭，皆有輪船載客貨往返。鼓浪嶼又有「海上花園」之譽，因為外商和華僑在此廣建華麗別墅，以為避暑遊憩勝地。日光岩為鼓浪嶼最美、最高的風景區，主巖峭壁鐫刻：「鼓浪洞天，鷺江第一」八巨字。鷺江昔為鄭成功訓練水兵之處。佇立日光岩俯視、望遠：廈門全市街道及附近幾十里之海島如金門、大擔、二擔皆一目瞭然。朝暉夕陰，看海上風雲之變幻，艦輪漁舟之來往，與乎海鷗浪濤之翻飛，確實如畫如詩！

廈門島之北，有一集自然風光，與人工設計之美小島「集美」，也是華僑陳嘉庚先生的故鄉。陳老先生於1913年開始，陸續發展家鄉，並創始了各類學校如：集美師專、航海專校、水產學院、藝術學院、體育學院、集美中學、財經學校、集美小學、集美幼兒園、衛生院、防疫站、影劇院、游泳池、龍舟池、鰲園、歸來堂，陳嘉庚先生故居及生平事跡館。我於七月二十三日上午乘專車返鄉之便，入鰲園瀏覽參觀，十分敬仰陳嘉庚先生愛家愛國、發展教育的博愛情懷大德。（鷹廈鐵路在此設有集美站，公路亦可通往福州、彰州及廣州。）

中午在漳州用餐；經過新華北路和勝利路交點的「排球紀念館」時，看見那巍峨建築，勾起我對那批選手們連獲三屆世界冠軍獎杯的敬仰，行注目禮至久至久。

專車在山嶺連綿，丘陵起伏的省公路上努力行駛；公路上往返的客貨車輛，相當的多；靠近鄉村時候，偶而會有牛羊越公路踉蹡而過！十七時約莫到達龍岩羅耀亭家。

龍岩在唐朝天寶元年（公元742年）改新羅縣而名（以城東翠屏山有龍岩洞之故）。清雍正十二年（1734）升為龍岩直隸州，民國復為縣，如今為龍岩市，面積一百零二平方公里，人口七萬八千多人。民國二十九年，我曾在省立龍岩師範畢業，因此，七月二十七日七時耀亭之子女（芳芳、偉偉和贛贛），陪我漫步過龍川溪橋上坡，經過華僑中學、閩西革命烈士紀念碑，循陵園路回到母校略事參觀。學校大門、校舍，完全改觀；一入校門便是圓環花圃，然後是運動場地和蔽陽樹叢，再前進是六層行政大樓，更後面是五層之教室大廈，氣象儼然……。返回時經過「龍岩城關幼兒園」，該建築為四層大廈，設備甚為新穎雅靜，因為時間關係，沒有進入參觀。

是日晚餐後偕敏銀侄及羅耀亭漫步西安路，過西興橋，至中山路、九一南路……，熱鬧處人頭攢動，比肩接踵，商店公司的電燈輝煌……，比之四十年前景象進步的太多了。因為氣象轉變，下起毛毛雨，因此招來踏腳人力車乘之返回羅家。

羅耀亭君為我竹娘大姊獨生女溫順英之婿，上杭州城內人，五十一二歲，現為福建省汽車工業貿易公司龍岩分公司經理。育二女一子；一女丘姓。住西安北路88號之公司宿舍三樓，二房一廳，廚房有瓦斯、盥洗室、浴廁緊接且窄小，幸有簡易抽水設備。我居此三夜時，大姊與順英三母女住一房，我住一房，培雙住別處，耀亭和敏銀去招待所歇宿。客廳和飯廳合用約為六坪大而已！據我此行觀感：羅君有此宿舍，在大陸之一般公職人員論，已經是難能可貴，甚為舒適云云。

返鄉探親掃墓記

七月二十四（日），晴，庚金日永，思鄉云回：我以人民幣壹仟元，租麵包車一輛（有冷氣，兩夜三日。）返鄉，司機攜女友同行；而我有大姊竹娘、敏銀侄，羅耀亭溫順英夫婦及其子培雙為伴，於十三時二十分起程，離龍岩市西安路羅家，經龍門、大池、郭車、蛟洋、白沙，於十六時抵達上杭縣城第一招待所。（上杭至龍岩為一百零二公里；至廈門是三百二十八公里，皆柏油路面。）

包車經過龍門鎮外公路時，我請司機先生減速，遊目自車窗騁視鎮區住戶人家，要求回憶：民國二十九年秋之一個週末，我曾至龍門巨室鄭德嘉老先生府造訪……。幾近半世紀之變化，憶景已經全無。

包車過大池之後，盤旋駛行於高峰深壑之間柏油公路上，偶而有客貨車輛相錯駛過；這鷄公巖一帶崗巒層疊，為龍岩上杭界山。山麓之「蘇家陂」為民國十八年中共朱毛紅軍中央組成地之一，村中「槐樹堂」、「鴻玉堂」是毛澤東創辦的「平民小學」和「幹部訓練班」舊址。到郭車地段，我請司機先生駛至蛟洋鄉「文昌閣」，那是中共閩西第一次黨代會會址瀏覽。如今中共將之列為「全國重點文物保護單位」。參觀之餘，攝照片乙幀留念。沿途看到山巒峰嶺之樹木，全部是三至六七年樹齡的幼樹；有的峰巒仍舊是童山濯濯，荒草萋萋：土改、煉鋼之荒謬乖舛，引起我一陣災黎淒楚之痛！

包車駛過白砂和華家亭時，我又回憶1944年去永安時，借宿華長春學長家一幕，很想停車探詢……，衡量時間不允而罷！十六時在上杭縣第一招待所登記房間，卸下行李後驅車直奔藍家渡；駛出南門建設路，過上杭大橋；1946年我離上杭城時，還是靠浮橋方便來往；甚至只有依賴渡船了！目前這座鋼筋水泥的上杭大橋自城區建設路，跨汀江而達南岡，橋墩高顯強固，橋面平整寬敞，巨型客貨卡車可以相錯行駛，兩側有行人專道，照明的路燈也頗新穎。橋下之江水，北自迴龍而南流至石上，在吾杭計二百三十里。俯視江水浩浩湯湯，浮光耀金；商船往返，貨產暢行。

南崗為往昔亂葬區；坟墓他遷後，如今拓為工業區，設有建南棉紡廠、碳酸鈣廠、水泥廠、裝飾板廠、化肥廠、農械廠、造紙廠等等。縣府有關單位，擬訂甚多計劃和辦法，希望海外鄉親返里投資云云。

麵包車經高寨嶺下之鄉道公路，穿過安鄉街店，景象完全和四十多年前一模一樣！過廬豐、在黃潭狗媽嶺眺望遠近村莊，也宛如昨日！不久到了下墩，我請司機駛至明強中學看看。我在前任校長李林仁先生、現任校長藍盛興君及教務主任等陪同下，匆匆瀏覽校區一匝：這學校最先為安仁

寺，後來是藍溪中心學校，再來就是明強中學了。校舍新舊雜存：兩棟三層水泥鋼筋教學大樓，以及上簷紅柱「尊師亭」、蓊鬱巨榦之古樹，引起我的注意；但是那師生宿舍破朽（我任教時所住之一排，仍封存待拆），籃排球場之簡陋，還有往昔辦公所，現改作圖書閱覽室之寒傖，不禁心中一陣悽愴！

專車在厚裡角經簡易水泥大橋，過厚裡崗遙望見約距三十餘公尺遠之籃溪鎮居民委員會所。（以前稱鄉公所。）很快到了牛黃埧，下車瀏覽：牛黃埧和棉花架仔下已整建成墟期磚瓦商品販賣區，今天不是墟日，雖然空蕩蕩地；但卻甚是乾淨。福來棧紙行（最早為布行和染坊），後大門改為兩個合作社店面；鄰近的天后宮已改建為普通民房。此時看見美蓮三嫂抱著為人保育之娃兒過來，不禁相擁愴然。去錫郁家中，將所託之函款分別交予其女冬興、麗興，略與存問後，轉往司馬第舊居。敏訥之子和家人，燃喜炮迎接，佩華嫂、敏乾侄……皆來寒暄敘舊（學生張國麟適時會晤）；唯司馬第大門以年久失修崩塌，朽木殘磚令人觸目傷感！以前天龍壩大坪，墟日商販買賣人們可熱鬧極了；如今已滿建矮塞民居和小店；大坪上的五顯廟（鄉公所）也是廟廢所遷了。過去的木板大橋沒有了，原來的橋頭大道，現在是一間商店。拱橋依然風霜傲跨於小溪之上，橋中央三層樓構的兩層屋簷，十之八九已經破敗！溪底中間沙石呈顯，兩側溪水默默潸流！經雲山古屋後的村道卵石路，老豬媽還是一模一樣躺在牆邊餵乳一羣豬娃兒；不過已變成白種小豬了！

聯輝樓是我誕生與兒童時代故居，是一座二樓半有上下廳堂之天井大屋，屋後大坪濱小溪流水（對岸崁上是友隆公祠堂和立本小學，後為藍溪小學；如今祠堂廢了，方池填平了。）依舊；大門前廣坪上斜陽依舊、整片牆上白堊塗去標語之斑駁依舊！有些簷瓦殘敗了，天井矮壁漏空了，大廳天棚和各處牆壁的敝舊，加之上廳堂堆積木梁的穢亂，幾令我眩然窒息！

二十五日十時，我、大姊、三嫂暨諸侄家人子孫數十人到達黃坑口之父母塋地祭祀。

先父福來公，號介堂，字祉，精敏勤篤，經商致富，熱忱地方文教事業，生於1884年甲申歲四月二十二日辰時，卒於1957年正月十七日凌晨二時。

先慈李新蓮女士生於1884年正月十一日午時，1933年農六月初四二十一時逝世，葬於南昌對河新建縣禮步村之洪崖鄉。衣冠與父合葬黃坑口，福地座向東北，可眺望黃潭河水緩緩流來，墓後山坡翠綠，景觀幽雅。

祭祀典禮由竹娘大姊之婿，羅耀亭經理司儀，並朗誦余之祭文如下：

維公元1988年七月二十五日，歲次戊辰六月十二，為先父介堂府君，丘母李氏新蓮太夫人百又晉六之冥誕良辰，滿子瓊華，敬具香花饌盒，祭祀於雙親之靈前曰：

仰稽洪範，五福休徵。感諸往事，倍覺傷心。
天高地厚，江海同深。孔懷珠秀，忝列尾麟。
餠湯癸亥，新廈聯輝。閩西變亂，跡寄南潯。
癸酉哀悼，奪去慈親。星沉寶婺，眷戀萱靈。
弦歌譜曲，岩燕甘醇。杏壇側立，藍稔常珍。
帆航丙戌，東渡台瀛。兢兢業業，毋墜庭諄。
先勤社教，再鐸庠林。嘉南百里，桃李傳薪。
七三夏季，天母睦鄰。桂秋遊美，益智通神。
翌梧歐旅，羨彼鳳麟。梅飛叨埠，曼谷敘倫。
明珠香港，旨酒芳茵。陽明花日，大地回春。
振中唐熄，助我家興。彥明孫女，金鼎文園。
彥萍在美，商界耕耘。彥南斯子，濟世清純。
丁酉椿斲，匍顙海濱。四三阻隔，今返奠陳。
三牲果酒，泣血吐申。伏維昭鑒，跪稟來歆。
尚饗。

貳、各國遊記

民主孤島——西柏林

七月二十四日（星期三），天氣晴，多雲。上午八時許，我們乘了遊覽專車離開「Sheraton Copenhage Hotel」，駛上高速公路，到達吉舍Gedser，乘坐東德渡輪（輪船巨大，計有四層，可坐乘客千人；底層能裝運汽車四十多輛或其他貨物。）十二時四十分起碇，橫溯波羅的海於十四時三十分抵達華納蒙德Wurnemunde。

離船的驗關手關，也還方便，沒有耽擱太久的時間。

導遊告訴大家：「以往去西柏林觀光，都是乘坐飛機的：這次坐輪船、乘遊覽車，是破天荒一次，希望萬事如意才好……。」

我們在華納蒙德鎮，坐上預定的西德遊覽車，經過洛士托克Rostock之旁，駛上東德境內的高速公路，很長很長的一段旅程，只有我們這一輛遊覽車，和以前在其他國度裡的高速公路上的情況，完全不同！過了威士托克Wisttstock及紐拉賓Neuruppin，於十七時正到達東德的關卡：三道柵欄，三次詰詢，要大家下車由他們上車檢查，連車上的Toilet都不放過；車身底下，更用特製的反照鏡伸入去，檢查真正嚴格周

到，前前後後共耗了一個小時整。（聽說別的旅行團，有耗費三小時的！）

西柏林West Berlin的人口近二百萬，每年卻有三百多萬的觀光客人。我們住入了安伯森都柏林大飯店（五星級豪華觀光旅社，在Bayreuther Str.42－43.）。

西柏林就是戰前故都——柏林市的西區。柏林是歷史上聞名世界的通都大埠，二百五六十年以來，先後淪陷過四次。第二次世界大戰中，1945年五月，盟軍和納粹的攻防戰鬥，有六萬二千棟建築被砲火轟毀，一百五十萬戶民居化為灰燼，斷垣殘壁，幾疑廢墟！

戰燹之後的柏林分別為美英法蘇四國軍隊所佔領。但是，美英法的佔領區和西德之間，卻為東德阻隔。1945年六月十四日，美總統杜魯門照會史達林，願將所控制的薩克遜區與紹林吉區讓給蘇俄，換取美軍可由公路、鐵路和空中進出西柏林的便利，史達林立刻於十六日同意。一九四八年美英法三國協議將佔領區合併。不久，便爆發了蘇俄封鎖西柏林，長達十一個月的情事，西柏林唯賴西方的空運補給，得屹立於東德共黨的心臟之中。

專制壓迫下的人民，嚮往民主；獨裁淫威下的百姓，渴望自由；東柏林的人民，為了躲避極權暴政的迫害，紛紛冒死逃亡，奔向西柏林尋求自由的空氣。所以西柏林自然成為「民主的孤島」了。

自由民主的生活，加上自由經濟的發展，因此，西柏林在經濟繁榮，工商發展中，高樓大廈和社會財富也傲視全球。美、英、法三國的一萬二千名軍隊，仍留駐在此，也為對西柏林安全保證之承諾。

我們所住的旅社，離威廉大公紀念堂不遠；我們曾在威廉大公紀念堂，以及雷依奇斯塔下流連徘徊。這棟十九世紀中葉「羅馬式」的紀念堂的頂層，依舊保留這第二次世界大戰，遭受砲火的斷垣殘壁，供人憑弔！紀念堂前的廣場上、長椅上坐著聊天或看熱鬧的人們；有的老人撒下麵包屑，餵食鴿子；一些青年男女玩著滾板，或穿著輪鞋四處逗樂；紀念堂前左右的大街之上，黃昏之後，霓虹閃爍和燈火輝煌之畫面，真令人陶醉神馳。

卡法斯丹頓大街，可以直駛至威廉大帝廣場，兩側高樓大下的公司、商店，無論櫥窗或內部，萬千貨品，精美高貴，吸引著如潮的顧客。據知：這裡的夜總會和酒吧，可以連續營業，無分晝夜，也絕不打烊。因此，西柏林成為笙歌達旦，火樹銀花的不夜之城。在這裡你可以欣賞到一流的歌劇如：莎翁的「哈姆雷特」Amlethus，或柴可夫斯基的「天鵝湖芭蕾歌舞」Swan lake ballet theatre orchestra；一流的交響樂團如：柏林愛樂、紐約愛樂或維也納交響樂團……及一流電影等等，真是人生一樂。

卡洛登堡官Schlob Charlottenburg為普魯女王卡洛黛在

1695年所建的花園行宮，是一座「巴洛克式」的宮殿，規模宏大，園內百花盛開，真是萬紫千紅，惹人留戀；宮內還有一座博物館，因為時間關係，我們就沒有進去參觀了。

布朗登堡門Brandenburger Tor宏偉巍峨，高數十丈，頂層有勝利之神，駕御馬車奔馳的雄姿銅像，像後的高桿上，飄揚著黑紅黃三色，中有天平的東德國旗。正門容有五條寬闊的大道，左右另附較小的大門及其他設施，各立一桿懸著全紅的旗幟。

布朗登堡門於1791年仿雅典城門的式樣而建，如今卻成了東西柏林的分界線了。阻隔自由的鐵幕圍牆的這一片牆上，紅字、黑字，寫得很大，有的寫得特大，竟寫在別人的上面，顯得凌亂、污穢！牆的那一面，近處有尖刺距馬（水泥製）兩排，隨著圍牆佈設，每隔三十步，便立有電燈一柱，中央是空蕩蕩的草地；遠遠的圍牆那邊，似乎也有很多人在眺望我們。啊！鐵幕、鐵幕，為什麼要阻隔人們的自由呢！我隨著絡繹不絕的人群，在那一丈多高的梯台眺望良久，心中十分惶惑迷惘！

二十五日下午，團員們多上街自由活動，我和謝蓮、黃振懿女士等，乘計程車先去看「中國故宮文物」展：（這兒的計程車漆為黑色，幾全是朋馳Budge廠牌。）滿清皇朝的龍袍、龍椅、玉璽、金印、左右玉象，還有皇帝、后妃的繡像、龍盤寶塔、玉如意、狩獵圖、遊樂圖、名家字畫，景德鎮貢瓷，以及商周時代的鼎鼐等等，這許多稀世珍品，吸引了萬千欣賞、鑑古的異國男女，也讓中國人憶起了無限辛酸的近代史頁！

我們又前往歐洲最大的柏林動物園參觀。

柏林動物園Berlin zoollgical garden的面積極廣，所飼養的獅子、老虎、大象、花豹、犀牛……全採壕溝水池隔離法。這些猛獸活動的地區，有草坪、池塘和岩洞；所有飛禽走獸，各依地區、種類，分別飼養。「熊貓」的園苑甚見特色，比別的動物居所，清幽高雅得太多了！有盆花、小池、亭榭……的各項設施。我們參觀的時候，一隻熊貓還高臥在白色的床椅之上；不久，初醒之惺忪驢狀，加上牠那渾圓可愛的體態，和黑白美妙的絨毛：烏漆的雙耳、戴著墨鏡的雙眼、黔黝四肢和背腹，配襯著雪白的頭項，以及腰臀，怪不得風迷了多少人們。

柏林市內主要的交通工具為：地下鐵、巴士、高架電車、地下電車（九線）、遊覽車、私人汽車，以及對外交通的火車。腳踏車在主要大街的行人道上，另劃有專用線路。（平常時，難得看見腳踏車。）我們所經過的街道，不管人潮洶湧；或打烊人稀之時，地上都非常清潔，沒有一絲紙屑果皮。熱鬧繁榮的街衢，每隔百來米，便有一所外幣兌換處。導遊說：「西柏林商品走私的情形，十分猖獗。走私中心在菲德烈地下車站，東德將它分為兩部份：本國人是一

般價格；西方遊客可在免稅商店，買到價格低於西方的貨物。（限用西方現金。）但是，旅客只能攜帶少數物品回西柏林。」聽了這番說明，我明白了經過東柏林檢查站之所以嚴格！

本文刊於東方雜誌二十卷二期（七十五年八月）

茱麗葉的故鄉——維羅那

自奧地利的西南，往義大利的東北；在黎中阿爾卑斯山的Retich alps，和喀尼克阿爾卑斯山Carniche alps之間，海拔一千三百七十一公尺的布里納山隧道Brenner Tunne，遊覽車沿公路迤邐前進，沿途村鎮居民的田園房屋，街衢店鋪的一切，都保留著古樸的氣息。穿過森林公路，盤旋於萬山深谷地段時，瞭望車窗外遠處峰嶺上的松樹、棕樹和落葉之類的針葉樹林；下層多是闊葉的山毛櫸和橡樹林，墨綠蒼翠，鬱鬱叢叢。藍天的幾絡白雲，有時停駐不動；有時輕盈飄移。司機先生告訴我們：「阿爾卑斯山區中，常有焚風吹襲，當焚風來時，萬物乾燥，星星之火，可以燎原，因此山區居民在焚風期間，嚴格禁止抽煙。焚風的熱力，能使隆冬雪融，造成山頭雪崩而氾濫成災……。」布里納隧道是由柏林經奧地利到羅馬的幹線，具有重大的客貨運輸效用和戰略價值，名聞中歐。

約莫下午三時半，我們抵達維羅那Verone。

我們先參觀古羅馬時代遺留下來的「競技場」Amphithereater。（又稱鬥獸場。）這座巍峨龐大的雄偉巨構，建築於1550年代，三層矗立的石墉，如今只剩下兩層了，那些巨大石磚的斑駁，那些頹垣的蒼老，以及緊閉的陳

舊鐵門，令人感喟不已！導遊說：「1913年以來，維羅納市政府陸續將『競技場』的內部整修，改作歌劇和音樂演出場所，也提供人民集會活動之用。」

維羅納Verona又是英國詩人，文豪兼戲劇家莎士比亞Shakspeare撰寫的偉大愛情故事——「羅蜜歐Romeo與茱麗葉Juliet」的發生地。

我們經由那位鶴髮慈祥的導遊指示中，再去造訪茱麗葉的故居。那棟重樓古厝，那些長春蔓藤，那二樓窗櫺和閨房眺景的雕花石欄杆，逗得那麼多人們翹首仰望。那中庭的花卉、魚池、假山和走道兩旁的大樹，也夠引人沉思徘徊。憑弔逡巡之餘，我立在茱麗葉的銅像前，攝了一幀紀念照片。

我們越過茱家花園，走至迴廊側的地道石階，拾級而下，穿廊進入茱家的公墓一室。室內石座上，放置著茱麗葉殮用的空石棺一具。大家圍繞著石棺，靜靜諦聽白髮導遊的講述；娓娓的言辭，初時祥和溫情，繼而激昂奔騰，終而淒涼淚下，靜默一會之後，導遊老人引我們團體中的兩對青年伉儷，分立石柩之旁，在他的賀語頌詞，以及大家的祝福笑聲中擁抱Kiss。此時，鎂光燈閃爍，攝下了六七幀美麗的「愛的鏡頭」。

遊覽車駛到羅蜜歐的古宅的街道上，街面不十分寬大，兩側是住戶和商店，往來的行人和車輛，也算熱鬧。我們下車步行，導遊先生在一棟巨屋之前駐足，告訴大家：「這就是殉情者羅蜜歐的住家。」我凝神看見那高大寬廣的鐵門已關；百孔千瘡的磚牆左邊的門頰位置上，釘有一塊扁且長的金屬橫牌，上書「羅蜜歐之家」，以及開放參觀的日期和時間，在不能如意參觀的惆悵情況下，拍了一個鏡頭之後，打道返回旅館了。

維羅那城在阿爾卑斯山脈的支麓，阿提齊河Fdige river之旁，東近威尼斯Venice，西有加爾達Garda湖，公路交通非常方便，商業也很發達。

本文刊於東方雜誌二十卷十期（七十七年四月）

日內瓦——歐洲之珠

我們乘遊覽車在國際公路上，朝北不疾不徐的駛行，過了杜林Turin城，進入阿爾卑斯山區，公路蜿蜒起伏，水泥路面寬大堅實，毫無顛簸感覺。有時看到山谷對岸，樹林間的鐵路，或溪壑上之凌空高架，這藍天白雲、青山翠谷，以及蒼鬱的森林，巍峨的層峰之間，或有幾區洋房別墅，或有大片的牧場、林場，真是美麗富庶可愛極了，不由人心嚮往之的恬然怡然。

近午時分，我們到了白朗峰Mont-Blanc市集，這裏有幾條街道，二三十家商店，很多觀光客和登山的人們。

此時山風時大時小。詹導遊自纜站回來說：「白朗峰巔的疊谷重嶺中，正下著傾盆豪雨……。纜車站停止售票……上山票費回台北之後，奉還各位……。」

如此一來，我所盼望的美麗的銀白世界，（白朗峰海拔一萬五千七百八十呎，是歐洲最高的山峰。）不能上去遊覽欣賞了，甚感惆悵！同行的仕女先生，以及許多老外，和三四十位的歐籍高中或大專的登山隊員，不能乘坐紅色的纜車吊箱，上達白雪攬勝場所，遠眺那粉粧玉塑的大地；不能在那冰雪的山巒間，乘搭滑雪升降機來去；不能架雪橇奔馳；不能在冰巒上或冰谷間賽車、跑馬……但是大家仍在徘徊、流連、等待，盼望有氣象轉好的訊息。

我們也再等了卅分鐘，（我利用這段時間，拍攝了幾幀風景照片；也到百貨商店參觀此地特產；也買了幾張彩色風景畫片。）才坐回遊覽車駛往日內瓦了。

下午四點差六分，我們就到了這個譽滿全球的歐洲之珠的日內瓦了。日內瓦是瑞士二十三邦之一，是一個國際性都市，也是瑞士的第三大城。位置在瑞士版圖西南尖端阿爾卑斯山的北方，日內瓦湖的西南岸，跨越隆河西岸，襟帶羅尼河，西鄰法國的汝拉山脈。整個市區為羅尼河劃分為二：左岸是舊市區，也是政治和商業的中心；右岸是外僑住宅區，也有很多旅館。兩岸有蒙伯朗橋貫連，橋的兩端都是新市區商業繁榮。湖濱大道為日內瓦的精華地帶，傍湖的空間建有林園，花園，廣場……，湖濱有各型各色帆船和遊艇，有的是私有的，有的營業出租的。本團多數人逕往勞力士總公司門市部選購手錶去了，她們說遲了就買不到了。（歐洲都市的所有大商店、公司，全是上午十時營業至下午五時休息的。至於夜間的歌舞、電影、酒吧、百貨公司又當別論。）我和蔡碧珠小姐則悠遊於日內瓦湖，又名蕾夢湖的湖濱林園，堤岸走道……，或攝勞力士之花鐘；或為蒙伯朗橋留影；或躑躅堤岸，看風帆點點，噴柱壯觀；或坐憩湖邊長椅，草地之上，瞰過往遊人之色膚異服……。

湖濱大道的右邊，可從英國公園說起：這個面積不大的公園是日內瓦遊艇的出發處，因此有許多遊人和觀光客來

往、憩息。湖畔長期停泊著一艘巨船……水上大飯店，黃昏之際，美妙的旋律中，人們紛紛入座飲宴，晚風徐來，清爽愉悅。美酒佳餚，釵光鬢影，笙歌與湖水漾蕩的變幻色彩，幾疑是九天瑤池，瓊宮盛會。

湖濱大道的左側幾條街多是大旅社、大飯店、繁榮熱鬧。我們住的老爺大旅社就在附近，高尚、豪華，非常舒適。晚間八時許，我偕林福音、李純玉夫婦及胡萍之、何惠禾母女，散步於大道，或走到湖濱水泥的舟艇靠泊處，拍攝了幾幀照片。幾個空曠處，設了露天咖啡座，好多紅男綠女在啜飲談心。咖啡座的四周用花卉圍繞，彩色霓虹燈點綴在綠葉花間，音樂柔美，有一種靜謐的氣氛，或是神秘的情調。

再走約百來步，有一座很大的玫瑰園，各式各樣的花圃中，栽了各種名貴的單株玫瑰。有許多涼亭蔭棚、蔓延成串地玫瑰藤枝上，滿是盛開的花朵；紅的、白的、黃的，S棚亭間的走道，還有許多玫瑰樹，不但花蕾滿枝，而且婀娜有緻。

湖濱大道盡頭的「湖上珍珠園」是當地市民們假日常去瀏覽賞心的地方，這兒除了奇花異卉，亭台池閣之多，還可以觀賞浩瀚的日內瓦湖，水天相接，相映磅礡氣勢；眺望那巍峨崇高的阿爾卑斯山峰，白雪皚皚，層雲飄繞……。此時此際，真是俗念俱滌，舒暢極了。

貝爾克湖濱大道，也是日內瓦湖畔的寧靜林蔭散步賞心處，珊珊緩步，低低切切；可以瀏覽花圃，可以欣賞彩帆；

還可仰望遠處雲端的歐洲第一高峰白朗山巔。那兒有一座人造的盧梭島，有橋和左岸相接，島上有咖啡座、涼亭，也植高大的樺樹、菩提樹、楓樹和白楊樹，遊人蒞止，賞心悅目。樹叢裏一座很大的盧梭銅像，沉思之態，令人景仰。盧梭在1712年誕生日內瓦，所寫人類不平等的起源和民約論等巨著，鼓吹民權思想，普惠世人。在愛彌兒書中，闡論自由教育主義；在亞洛斯書裏，謳歌熱情；在自傳式的盧梭懺悔錄中，赤裸裸地剖析自己。人傑地靈，更使人們興起非常的敬意。

我們也曾簡略地參觀日內瓦大學。校址在奴市廣場對面，有極大的綠蔭校園，學舍在蒼鬱茂密的林木掩映中，若隱若現。日內瓦大學在1559年由卡爾溫創立，初為藝術學院，至1873年始升格為大學。目前有學生八千多人，外籍學生約佔一半。我們在校園中，趨謁「宗教改革紀念碑」上，四位先哲卡爾溫、諾克斯、貝斯，和法列爾的大理石像……。

日內瓦到處綠草如茵，繁花似錦，空氣新鮮，街道清潔。由於二百年沒有戰禍，以及四百多個國際性的機構，也常為國際間引為愛好「和平」的象徵。聯合國駐歐各重要機構所在地的萬國宮，面湖建築，大門上崁有「聯合國」的大銅牌，是用中國、西班牙、法國、英國和蘇俄五國文字鑄刻的，大門前廣場的池中，還有一個銅製大地球儀。

國際勞工組織大樓，巍峨矗然，共有三千個窗戶，構圖特別而著名。

世界衛生組織大樓的外牆上，有明顯矚目的阿拉伯文、法文、德文、英文和我們的中文寫著：「求使全球的民族，達到衛生的最高水準。」

國際紅十字會總部於1860正式創立於日內瓦，我們行車經過時，靠路側停下，我立刻朝那高聳的四角紅頂屋瓦的尖端上，正在迎風飄拂的十字旗幟，行最崇敬的注目禮；同時也憬然地，想起了救傷卹亡，說「四海之內，皆兄弟也」；1864年國際紅十字會，第一次大會，又為各國代表公推做會長的杜南先生。（也是1901年的首屆諾貝爾和平獎得主。）因此，口占七絕如下：

白朗天峰睨世雄，名湖蕾夢羡飛鴻；杜南曠世崇人道，博愛精神媲彩虹。

日內瓦市的中心高處，有一座古城，傳說1603年十二月十二日，這個古城曾因日內瓦獨立之戰而被圍，敵軍自城外攀雲梯進攻時，全城的婦女協助防衛軍，誓死抵抗，使用一盆盆的燙水自上潑下，因此，敵軍傷亡慘重，知難而退。至今，每年的十二月十二日，日內市還要熱烈地慶祝一番云云。

日內瓦是世界上電話設備最完善的城市，電話線路密如蜘蛛網，和巴黎就有長途電話五十四線，其中十三線是自動電話。全市的街巷，看不到一支電線桿，所有的電燈、電話線全部埋在地下，寬敞整潔，令人欣羡。

日內瓦的交通十分方便：國際航線很多，遍及歐洲各大城市，美洲、亞洲及非洲有班機營運；國內各大城市多有客貨班機穿梭往返。鐵路方面：國內的一般城鎮，都有密集的班車，全部是電氣化，車廂十分清潔；國際列車可達法國、義大利、奧地利和德國。公路全是高級路面，四通八達，無遠弗屆。市內交通工具為巴士、電車和計程車，還有直達阿爾卑斯山區的遊覽巴士。

日內瓦是國際觀光人士理想中的勝地，每年有幾百萬的旅客來往蒞止。市內旅館林立，最具規模的有總統、貝爾克和拉培斯等國際觀光大飯店。所有旅館的男女服務員，全部訓練有素，彬彬有禮，真有賓至如歸之感。

本文刊於大華晚報（七十五年七月二十一日）五版
「文藝旅遊覽」

大英帝國的首都——倫敦

七月十九日，天氣陰轉薄日，八點三十多分，我們的遊覽車離開了住宿兩夜的BerthierLes Tour，別了可愛的巴黎，朝北駛上高速國際公路，十一點多到達加萊Calais。

我們為了感激和藹、勤勉和駕駛優異的荷籍司機先生，致送一份禮儀之外，大家還聚集在加萊港口的水翼輪船公司大廈Hoveroprt前攝影留念；藍天白雲，煦陽光耀；儘管海風很大，也吹不散大家那股惜別的情致，和微笑揮手的祝福。

橫渡英倫海峽

正午時分，海的遼遠處有了一個黑點，越來越大……哦！來看呀！大家的視線集中到那：由點而變成的又高又大、紅白相間，頂層是白色，四具豔紅的螺旋槳，兩具純白的輪尾翼，船的底部是身黑的龐大氣墊的水翼輪（又名「氣墊船」）在渺渺的海洋上，如飛地排浪而來，兩側激起的白波白霧，高及船腰……午後一點多鐘，我們拾梯上了這艘美侖美奐的水陸兩用氣墊輪；船頭有特別座，供應餐點、飲料；左右兩側是普通座（約可乘客兩百五十人）；底層可裝運汽車三十輛或其他貨物。船在多佛海峽Stuit of Dover鼓浪如飛，玻璃窗被衝起的浪花濺濕而迷濛不明；船行平穩，馬達機器聲也不覺得。這煙波渺茫的七十海里，在聊天、笑語，或瞑目休憩的四十分鐘裡，到達了多佛碼頭。

福克斯頓Folkestone，或說多佛Dover到加萊Calais之間的英倫海峽EnglishChunnel，或說多佛海峽Strait of Dover連接的構想，早在1802年就有了。那時雄才大略的拿破崙，下令工程師們提出藍圖，這些工程師建議：自法國北部的格里角Grisnez，到英國東南部的福克斯頓Folkestone挖一條隧道，並在海峽中途造一個人工島，供軍隊、旅客休息換馬之用。後來因為拿破崙參加其他戰役，這個構想就此終了。

爾後百多年來，英法兩國曾多次提出類似計畫，都因為不切實際和費用太高，遭政界人士及投資人否決。最近的一次是1973年，又因英國政府的更迭，使已著手兩個月的工程被迫結束。

英倫海峽是世界最忙的海道之一，英國對歐洲大陸的貿易，佔有一半以上。以海運費比較，多佛到加萊，只有義大利的熱那亞到巴勒摩的十五分之一，海峽隧道財團一位高級人員認為；只要貫通的隧道完工，運費收入的錢財，就好像吃角子老虎一樣，包賺無疑。

目前最具競爭力的兩家公司是：海峽隧道財團（CTG）和歐陸公司Euro Route。

海峽隧道財團提出了「春奈方案」Chunnel，建議在福克

斯頓和加萊之間，挖掘兩條三十一哩長的隧道，供電動梭車往返行駛，也可供火車運輸。隧道工程費是三十億美元，興建時間需要六年六個月。

歐陸公司的「布倫方案」Burnnel的工程費為七十億美元。它融合了跨海大橋和海底隧道的構想，更要在多佛海峽間建造兩座人工島嶼。

貫通海峽的計劃，已獲的英法兩國政府的支持；我們真希望這百年來的夢想能早日實現。。（海峽隧道數年前，由英法兩方同時開工，至1990年十月三十晚，雙方已接通鑽孔。）

走出了海關的大廳，坐上也是嶄新的遊覽專車直駛倫敦，沿途向車窗外望，所見的河流、湖泊、樹林、草地，都是新綠亮麗，予人十分愉快之感。近城郊區的公路兩旁，若斷若續的獨立庭院中，風景樹、綠草坪，以及各色玫瑰的美麗，不由人欣羨西歐民生的富裕、康樂，以及文化、藝術的情趣修養了。

倫敦London是英國的首都，是英國全國政治、文化、經濟和交通的中心，是世界的第三大都市，人口約一千一百萬。地跨泰晤士河Thames R.，東西長三十哩，南北寬二十哩，面積約七百平方哩。

人們都說：倫敦是世界上最富有，也最有權勢的首都，並且是民主政治誕生的重要地方。倫敦沒有巴黎或雅典那樣羅曼蒂克的情調；不像紐約或東京那樣令人狂熱；沒有羅馬或馬尼拉那樣溫暖的陽光；不像曼谷或伊斯坦堡那樣有異國情調。

倫敦是一個充滿了霧氣、雲煙、灰塵和潮濕的都市，人們諢稱它為「霧都」；每年的十一月間霧氣開始，黑霧含有泰晤士河南岸工業區的大量煤煙；黃霧含了大量的硫磺。有人說約翰牛的堅忍性格是在霧裡養成的；也有人認為英國人的外交手法，如煙如霧，莫測高深。倫敦的濃霧起自黎明之前，下午三時約莫才散。霧裡開車，您必須亮燈慢駛，若不注意，連路上行人也會發生互撞情事！這些情況，我都無緣領略，我在倫敦的三夜四日，都是天高氣爽；白日是陽光和風；夜晚是疏星閃爍；只有二十日早晨稍有薄霧，以及二十二日凌晨的迷濛短暫的微雨罷了。人們告訴我，每年平均倫敦下雨日子，總在一百五十天以上，大家出門多帶著雨傘或雨衣。私心安慰，余之此行，真是得天獨厚了！

觀賞御林軍換班

七月倫敦，早晨四時已是魚肚白地天亮了；夕陽西墜的時間，則在二十一時三十分左右。

去白金漢宮看御林軍換班儀式，是各國旅遊人士觀光倫敦，所不可或缺的重要節目。二十日上午十時十分我們就到了白金漢宮。

白金漢宮Buckingham Pdlace，原是詹姆士一世的桑園，

1703年建為白金漢公爵雪菲爾的官邸，後來亨利八世遷入成為王宮，現在是伊莉莎白女皇的王宮。

白金漢宮位於倫敦市中心，正前方為人來人往，車馬絡繹的杜佛佳廣場TrafalgraSquare，後面有維多利亞火車站。但是，這座王宮花園佔地四十五英畝，後園有一個五英畝的湖面，碧波與滿園的林木花草，予人瑤池仙境之感；宮前寬廣的林蔭大道長達半英里，兩旁並無商店，優雅遠過巴黎的香舍林榭；宮左有葛林公園（面積在五十英畝以上）。自從葛林公園對面的海德公園口，建了一棟三十二樓的希爾頓大旅社後，王室的私生活，已有一部分進入希爾頓旅社客人的望遠鏡中了。

白金漢宮也像大部分的倫敦建築，全都是用花崗石砌成，堂皇偉大，氣派軒昂。宮內共有六百個房間，兩百名女僕。（男僕另有編制。）三百座時鐘有專人管理和上鍊；兩千盞電燈，也有專責技工。據說，女王和家人是住在二樓，向著花園的幾個房間中，餐廳設在接近花園的走廊盡頭。它不像白宮那樣開放讓人們參觀；但它有一個展覽室，附設在宮內的教堂中，陳列著女王若干珍品。參觀的人們要從「白金漢宮路」上的側門進去，必須購買門票。

此時，天高氣爽，陽光灑滿了大地，氣溫約在攝氏二十度，當我到達時候，那麼寬大廣闊的廣場，大道的兩旁，已經是人山人海了。

「來了！來了！」我隨著人聲轉頭左看，悠揚的軍樂激起了我興奮的情緒，注意方位，捧定相機，瞬間，二位身穿黑嗶嘰的警官，分騎在白灰色和赤棕色的高頭駿馬上，威風凜凜地，隨著軍樂鼓聲，自遠而近；不久，大紅武士裝，白皮長手套，黑色絨帽和黑色褲靴的軍樂隊，吹奏著樂曲導引著御林軍來了。在適當的方位，距離和時刻間，我按下幾次板機，攝了幾個鏡頭。約莫三十五分鐘吧，右邊的人群騷動了，又聽到人們的喊聲：「你看，你看！」原來那邊勝利女神像的大道上，又來了更長的一大隊御林軍，也是軍鼓樂前導，耀眼的制服，劃一的動作和軒昂傲然的架勢，又予人領略到大英帝國的光輝。卡嗒幾聲，我再攝下了幾幀鏡頭。

服裝亮麗，色澤鮮明，英姿煥發的御林軍，（約一百多人）全是軒昂的高度，俊壯的儀表，那整齊劃一的步伐，以及托鎗擺臂的姿勢動作，真像發自同一機器的木偶兵團。御林軍進入大鐵柵門後，立刻變換隊形，演練的幾式操鎗後，臉朝宮外的成千上萬的觀眾，開始著換崗的任務。

換崗由四人一組：兩人持小軍旗開路，兩人荷鎗跟進，到達崗位前立定卸鎗，同時兩腳先左後右的，提得高高地踏下兩次，再為立定；此刻，原來崗位上的御林軍開始動了，向前邁出兩步，同樣地將腳提得高高地，先左後右踏下兩次，即行立定，托鎗上肩，由持軍旗的引導歸隊；當卸崗士兵托鎗走開約莫兩步，接崗的士兵托鎗行至崗位上立定，

然後轉身，又將腳提高，先左後右地踏下兩次，卸鎗立定之後，即紋風不動了。

軍樂鼓隊自始至終（約莫四十分鐘）的演奏，樂章旋律，自然隨隊型改變，花式操鎗，以及換崗而有所變化；那軍官的高聲口令，有時可以壓倒軍樂送入耳膜，極感有趣。後兩日，我們在溫莎古堡的某一崗位上，看到一位御林軍荷鎗兀立，一若鐵鑄；對方的另一位御林軍荷鎗正步往返的走動，端然、岸然，十分威儀！此時，有二三位外籍人士，走了過去，和御林軍幾若貼身地一齊前進，由同行之人，攝取鏡頭！我們同隊有人，也如此仿效之際，我和幾位隊友，頻頻發出善意的笑聲，有意的挑逗，竟也逗動了那位木偶兵，看見他的臉龐、眼兒，也露出了笑意，我們才愉快地離開。

西敏寺與倫敦堡

西敏寺Westminster Abbey是世界上最為巍峨壯麗的教堂之一；也是全球最著名享譽的建築物之一。這棟歷史九百多年的西敏寺建於撒克遜王愛德華Edward Confessor時代（1042～1066年），至於那兩座中樓，卻是在1739年增建的。

自1066年威廉大帝開始，西敏寺也就成為歷代君王加冕典禮的聖殿，只有愛德華五世和愛德華八世例外。走入西敏寺之後，很多地方你會踏過許多墓碑。這些墓碑全是銅製，鑲為地板的一部份，墓碑之下就是棺柩；有的棺柩放在牆內，那墓碑便立在牆壁上，也放有一座逝者的半身塑像，供人瞻仰憑弔。歷代的英國王后、偉人多埋葬安息於此：包括喬叟、牛頓、達爾文、米爾頓以及邱吉爾等。

倫敦堡Tower of London位置在泰晤士河畔，堡前的左側，就是舉世聞名的「倫敦塔橋」Aerial View of Tower Bridge and the City of London.橋上有兩座巍峨高塔，塔內裝有馬達，可以把大橋的中段吊起，讓巨型輪船通過。

倫敦堡是由幾個尖頂，而且高聳的建築物唧聯的古堡區：壕塹內的城牆走道，寬可跑馬；四角的圓形高塔，眺望極遠；古堡的中心，好像是小市鎮，建有十多個獨立堡壘，以及住宅、兵營、教堂、飯廳、倉庫……全堡面積為十八英畝。堡前有身穿「都鐸王朝」時代制服的守衛。

倫敦堡中，最大最堅固的那座白堡White Tower，據說動工於1078年威廉大帝時代，竣工於1097年。

倫敦堡從來沒有敵人攻擊過，也從未在此發生任何戰事。九百多年以來，卻先後成為英國的王宮、禁宮、監獄、刑場、軍械庫、糧秣倉、造幣廠或動物園。

倫敦堡充作刑場的紀錄，可遠溯到十四世紀，第一位被斬的1388年的西蒙白萊爵士；安妮鮑琳王后（1536年）卻受到較好的待遇，他的先生英王亨利八世，特別從遠方聘來高等劊子手，啟用寶劍行刑的。最後一位是1747年的羅凡德爵士。他是所有幽魂中最幽默、最有膽識、而且最肥胖的人。

他在行刑之前，微笑地詢問劊子手的經驗，要他檢查斧鋒利不利，更拍拍劊子手的肩膀，鼓勵他使用力量，務必一刀奏效。

海德公園Hyde Park是倫敦市區最大的公園，佔地一百六十萬平方公尺，十八世紀時為王室的狩獵場地。園中綠野千頃，林蔭夾道，靜謐悠閒，生趣盎然。人們可以來這兒歇憩、散步或蹓馬。公園中央有一蜿蜒狹長的「蛇湖」Serpentine，碧波蕩漾，泛舟至樂；沿途設有咖啡館、精緻雅座，可以暫憩敘談；可以寄情風景。另一部分為野鳥保護區；無數飛禽或翱翔盤旋，或靜止樹梢，或河中悠遊，或草原閒步。

海德公園的「公眾講壇」，區劃在園內東北角的大理石拱門附近。這兒是愛演說者的天堂，任何人都可以在此發表自己的宏論，或批評時政；在這裡，你可以聽到：反種族主義、素食主義、反暴力或其他希奇詭異的狂言妙語……真是放縱言論自由的樂土。當然，演說的人也同樣地要有雅量和修養，要能忍受反對聽眾的噓聲和詰問。

牛津劍橋之旅

七月二十一日（星期天）煦陽和風，氣候好極了，（正午的溫度大概是攝氏二十度。）我們先訪牛津大學區。

牛津城Oxford東距倫敦九十一公里，位置在泰晤士河上游，艾因士河和喬偉爾河的會合處，交通有鐵路、公路、河運，十分方便。城區古樹參天，尖塔林立，人口約有十五萬，城區東西寬約五哩，南北長有四哩多，主要大街只有兩條；高街和賈爾斯街。街上多是為了牛津大學而設的餐館、咖啡廳和書店。

牛津城至今還遺有一些八世紀的建築物，供人憑弔。英皇查理一世戰亂時，曾以牛津為發號施令的大本營。倫敦大疫時期，英國國會曾遷至牛津集議討論。

牛津大學創立於九世紀，十二世紀末，已發展成為學院體制，現在已擁有三十多所學院，如林肯學院、三一學院、牟頓學院、基督學院、眾靈學院、聖約翰學院及基貝爾學院等皆馳名遐邇。許多古老巍峨的校舍，多有五、六百年的歷史，長春藤爬滿了斑剝的牆壁，也令人興起了思古的幽情！

牛津大學校區最漂亮的是麥台倫堡Magdalen Tower，建於十五世紀，巍峨瑰麗的尖頂，無愧為英國建築的代表作品。1445年的波多利亞Bodleian圖書館，是一座羅馬式的建築物，藏書超過兩百萬冊。大門之前，立有創辦人格羅西斯特公爵身披甲冑的石像。隔壁的黑井Black Wells書店，內部規模十分宏大，地下一層的遠東圖書部裡，出售有關中國語文、歷史、哲學、美術和技藝之類的西文書籍，真正包羅萬象，應有盡有。

基督學院為牛津大學中最大的一個學院，創立之初，英王亨利八世曾贈以大宗校產，據說現在，學院每年在校產方

面的收入，就超過了十二萬英鎊；英國歷史上的四十八位首相，就有十三位是基督學院的畢業生。

三一學院正是發現「萬有引力定律」，物理學家牛頓爵士的母校，人傑地靈，萬古流芳。

我們的遊覽專車轉駛倫敦北方十八公里的劍橋。

劍橋大學Cambridge University和牛津大學無分軒輊地齊名，都是載譽世界的大學城，街道上常看到一棟棟建築古老、宏偉的圖書館、理工院或科學館的黌舍，予人文化氣息，特別濃厚。（目前增至三十學院。）

劍橋大學區目前有二十一個學院，（目前增至三十學院）而以科技見著。我們漫步於建橋小河，看許多男女學子在碧波之上，操舟戲樂，或小憩於河畔綠茵之上，睇三五舟舳，穿過橋拱與垂枝。那藍天白雲的浩渺、那碧水漣漪的蕩漾、那紅黃玫瑰花間蝴蝶的飛舞、那清風拂來的笑聲……此際，我心怡然；也幾乎陶醉。

大學區內的聖瑪麗教堂，和十五世紀建造皇帝教堂King's Collhapel的五彩玻璃，圓形屋頂，以及高聳的堡尖，也引人行著注目禮。

劍橋大學校園內的蘋果樹下，拜倫的半身像前，還有徐志摩躺過的草地，我低徊流連，也攝影紀念，稍償了往昔嚮慕之情。

徘徊憑弔溫莎古堡

七月二十二日（星期一）凌晨，飄了一會兒雨絲之後，麗日自彩雲中昇高，十時尚差二十六分，我們就到了遐邇聞名的溫莎古堡Windsor Castle。

古堡建築在泰晤士河的山坡之上。所望見的三十個單元的石造、磚建的壯觀堅固的樓房、古堡的園地面積，約為十三英畝，迤邐廣袤，氣勢偉大，所有的建築工程，斷斷續續竟長達八百多年！！

那白雲藍天下，以及高過古木蓊鬱的古塔，大大小小多達十五座；或名亨利三世塔、約翰王塔、勛章塔；或稱威爾王子塔、愛德華三世塔，以及皇后塔等等，內部的裝潢布置都非常瑰麗，尤其是那棟偉岸突出的「大圓塔」真可媲美宮廷。

溫莎堡距離倫敦市約三十五公里，莎士比亞名劇「溫莎樂天的太太們」曾以此地為舞台。這兒原本是愛德華八世的封邑，因為堅持要取辛浦森夫人為妻，禪讓帝位，而旅居巴黎。遜位後的溫莎公爵，臨終之時，遺囑希望葉落歸根，埋葬於故國采邑。這一段「不愛江山愛美人」的韻事，發生在我念小學的1935年時代。半世紀以來，溫莎情聖贏得了無數青年戀人的謳歌，觀光客來了倫敦，大多數都會到這裡徘徊憑弔……。

溫莎古堡的正門，豎立一座維多利亞女王的銅像；進入宮內，呈現眼前的輝煌富麗，令人讚嘆英王貴胄之豪華，

以及他們的建築，設計之高雅精緻。所開放的十多間陳列室中，展示有許多精美的大小瓷器、王室貴族的服飾衣物、歷代英王的油畫像、石像，以及盔甲兵器等等。

總之，那聖喬治教堂的尊榮高尚，以及王后寢宮之雍容華貴、御花園的鮮花似錦、綠草如茵，至今尚記憶猶新。

我們又在溫莎堡的市街上躑躅巡視，在百貨公司看貨問價；這兒的羊毛皮極好，品質完全一樣的，每件竟比台北市便宜了二千多元，的確物美且廉。因此，我也買了一襲。今年寒冬，當氣溫降至攝氏六度之夜，以之墊睡，真是柔軟溫暖；我也怡然入夢，不知東方之既白。

我們在溫莎堡的一家中國飯館，享用了一頓頗為豐盛的午餐，略為休息之後，即驅車駛往機場。

十四時四十分正，英國航空公司的BA0638客機，冉冉升空，我憑窗下望住了三夜四日的倫敦市，是那麼的親和熟稔。

本文刊於東方雜誌復刊十九卷十一期（七十五年五月）

藝術之都——巴黎

藝術之都——巴黎（Paris）是法國的首都，也是全國政治、文化、經濟和交通的中心。人口六百多萬，宮殿園林的景色，十分迷人。因此，又有世界花都之稱。

非凡的藝術品——羅浮宮

到了巴黎，你不能不去羅浮宮（Palais de Louvre）。

享譽世界文化藝術界的羅浮宮，是法國國立美術博物館，位置在康果特廣場東面，濱塞納河。說實在的，羅浮宮本身就是非凡的藝術品，他的建造過程，無疑是一部法國「文藝復興式」建築史。

十四世紀時，法王菲立普六世（1328～1350），為加強國防工程，就在沿巴黎塞納河建了一所大圖書館，便於研讀文史，及儲存皇家檔案。1546年、法蘭西斯一世任命當時著名建築師皮爾・勒司科（Pierre Loscot）將之改造，擴大為「文藝復興式」。亨利二世時，雕刻部分改請顧鄉（Jean Goujon）負責，亨利二世薨，由他那具有文化藝術修養的皇后遺孀凱撒琳，又委任載勞姆（Delorme），加建一座泰勒理斯宮銜接，泰勒理斯宮到亨利四世時完成；但凱撒琳的計劃並未實現，因為泰勒理斯宮於1871年被毀。嗣後羅浮宮又經

路易十三、十四大大的加以擴充、美化，並改為皇家宮殿。拿破崙執政後，又委任建築師皮司亞（Perciar）及方亭尼（Fontaine）增建南北兩翼，直到1852年才在拿破崙三世手中全部完成。

羅浮宮的建築，真是一項偉大的藝術巨構，要道屋角多放石像雕刻，長廊室內盡是油畫瑰寶。園圃花團錦簇，草畦翠綠如茵；道路之旁，立有許多銅像和大理石像，或立或坐，或倚或仰；維妙維肖。宮內道路若要走遍，約有三十公里。

羅浮宮是世界最大的藝術畫廊，也是法國的寶庫之一。法國大革命後，所有王宮雕刻、名畫和宮廷寶物，多數集中在這裡保存；拿破崙自外國得來的名畫珍物，也陳列於此，所以更增光彩。這許多奇珍異寶，單是分類陳列名畫的長廊就有三公里，琳琅滿目，令人嘆為觀止。其中三件是馳名於世的瑰寶：

第一件是維納斯（Venus）雕像，是1820年在米羅（Milo）出土的。據考古學家判斷，雕像作於公元前一百年左右，有一個半人之高，兩隻臂膀也都不見了，上裸半身，婀娜而立，體態高貴，線條柔美，是世界上現存雕像中，最古老、最精美的一尊。

第二件是勝利女神（Winged Vitory）像，據說是1863年在愛琴海東部撒摩得拉斯島（Samothrace）出土的，作於公元前306年，頭和手都沒有了，只有翅膀和身體。上身穿著貼身的薄紗衣衫，骨肉豐盈，婀娜岸然；腰身以下是蟬裳衣褶流動，似為微風吹拂飄蕩，神采奕奕，天人合一。

第三件寶物是達文西所畫的蒙娜麗莎（Mona-Liza）永遠微笑的畫像。據說這幅「永遠微笑」共畫了四年，為了那絲傳神的微笑，特請了樂師奏著甜美的旋律，讓她愉悅地輕顰淺笑，才完成這幅名畫，達文西也愛上了她……。這幅神祕的蒙娜麗莎微笑畫像，特別重視地被懸在一片四周繞有紅絲絨的短矮幃欄的牆上。

羅浮宮大廳中的皇室珍品玻璃櫃，陳列了三頂皇冠：路易十四的皇冠上，崁了一顆一百三十六克拉的鑽石，以及各色珠寶，光芒四射，價值連城；那路易十六的一張御床，全鑲金花，紗羅帳自頂披地，華麗無比；一張皇太子的搖籃，也全用黃金雕花製成。由此可知當時的法國皇室，奢侈糜費，以致橫徵暴斂，民不聊生，而引起了龐大的革命浪潮。

雄偉景觀凱旋門

巴黎另一雄偉景觀是凱旋門（Arc de Triophe）。

凱旋門巍巍然頂著青天，矗立於戴高樂廣場（原名星形廣場。）中央，是專為崇揚紀念拿破崙戰功建築的，於1806年奠基，至1863年全部完成，高一百六十呎，寬約一百六十四呎。因為高度比周圍的大廈約高出一倍，以及廣場的遼闊龐大，更顯得凱旋門的崇高偉大。

右墩巨柱上雕刻著1792～1815年的法國戰史（馬賽革命軍人，在勝利女神張翅與高輝手臂的鼓舞下，呈顯著忠烈雄偉的民族精神。）；左墩巨柱是至善至美，象徵博愛的和平女神浮雕。門上端有無數爭先恐後、衝鋒克敵的士兵浮雕，以及代表勝利的三十四個盾牌。拱門下有一座「無名英雄墓」，地面嵌有文字，中央燃著「長明之火」。門內更有「陣亡將士紀念碑」，刻記著五百五十八位將軍的英名。

凱旋門有電梯及石階，通達登高而至頂點，石階有兩百多級，矚目眺望，十二條林蔭大道，自廣場輻射展開，氣象十分壯觀。（為當時名建築師夏格蘭S.J.F Cholguins去羅馬等地參觀之後所設計的。）每年七月十四日，法國國慶大閱兵，各軍種盛大行列，例須通過凱旋門。對於國家有豐功偉業的政要名流，身後之靈柩，也要經過凱旋門，藉申榮寵。此外，凱旋門還有值得一提的建築設計特點，那就是每年五月五日，拿破崙一世的忌辰，西天的黃昏落日，必由凱旋門的正中央，徐徐下降，確為具見匠心。

直插雲霄艾菲爾鐵塔

艾菲爾（Eiffel）鐵塔則是巴黎中心區另一個觀光建築物，聳立於塞納河畔，是1889年世界博覽會的遺蹟，由當時明建築工程師居斯塔夫・艾菲爾所設計的。建築設計圖送到巴黎市政府時，曾遭否決，許多當時的作家、藝術家也聯合反對，認為會破壞巴黎的市容和風光。後來，這座鐵塔由艾菲爾獨立興建，且為艾菲爾家族私產，享有一百年的專利權之後，交由法國政府收歸國有。

艾菲爾鐵塔完成後，始終受到世人矚目，不僅增加了巴黎的瑰麗風光，也因為鐵塔出顯了熱漲冷縮的現象，成為世界研究力學人事的新課題，以及對邇後建築工程的影響。鐵塔高為一千又五十英尺，總重七千噸，除了四座基石外，全都是鋼鐵建構，巍巍然直插雲霄，有歌德式古典餘風，有美妙生動的曲線，飄逸而偉岸。

艾菲爾鐵塔基地為十七英畝，三層建築共一千七百九十二級階梯，步行上去約需兩小時，乘電梯只要五分鐘。第一、二層的電梯，兩座對開，每部可乘七十五人；第三層只有一部電梯。鐵塔的各層四周有環廊臨空。第一層是敞廳劇場；第二層為餐廳茶室；頂層設了專蓋「鐵塔紀念郵戳」的郵局，還有一些賣紀念品的小商店。每日觀光旅遊的紅男綠女，老年或青少年，絡繹於途的上塔瞭望，有的情侶臨風擁吻、有的佳人在此婚禮、騷人墨客或憑欄吟哦，或淺啜作曲；偶也有人倚塔神傷，甚至跳塔自殺！

艾菲爾鐵塔每年吸引三四百萬的觀光旅客，「入塔卷」一張八百法郎。自塔頂俯望巴黎，群山歷歷，塞河如帶；市區熙攘，軟紅十丈……。真是「消盡多少列朝金紛，逝去無數蓋世煙雲」啊。

巴黎聖母院（Notre Dame），是法國最古老的哥德式教堂之一；也是象徵法國精神、法國宗教中心的主教堂，位置在西提島上。（巴黎最早的發祥地；也是巴黎市中心點。）

天主教友朝聖之所——聖母院

巴黎聖母院是全世界天主教友朝聖之所，建築於西元1163～1345年間，內部深一百三十公尺、寬四十八公尺，高三十五公尺。正面有兩座鐘樓，各高二百二十七呎，有三百八十七級階梯，兩樓之後的中間，聳出一座尖塔。

聖母院的哥德式建築，特徵是巍峨軒昂，高大的窗戶，三座尖拱形的大門上，雕刻著二十八位以色列和猶太皇帝的立像。拱門的陵圈中，也雕了許多聖經故事的人物。正中的大圓形窗立有聖女像；兩側尖拱形窗前，雕立了亞當和夏娃之像。更上層的欄杆，雕了一排朝下俯視的奇形獸面惡魔像。正堂大廳寬廣高敞，同時能容一萬三千人禮拜。殿內的金石木雕、五彩玻璃、油畫繡緯，全記述著聖母瑪麗亞的生平。1804年十二月二日拿破崙曾在此舉行加冕的隆重儀式。當時的法國名畫大師大衛，將典禮實況，畫了一幅傳世名作，題為「拿破崙一世加冕典禮（Coronationd of Napoleon 1）」，至今懸在羅浮宮的一間大廳中。

我們又到了香舍麗廈大道（Champs Elysees）。

花都巴黎市內，共有四千五百六十六條街道，最為人們讚美的，就是這條十六線寬闊的「林蔭大道」。大道自塞納河右岸的協和廣場起，由東向西逕駛凱旋門，再直直地延伸，全長為四公里。

香舍麗廈大道分成兩個部分：東半段的兩旁全是公園，翠綠宜人；西邊的一半，處處是「香舍」和「麗廈」，有最新式的豪華商店、露天咖啡館、劇場、電影院和夜總會。巴黎人極多有做咖啡館的習慣，全市花傘林立的露天咖啡座有五萬多家，真是賓客如雲，生意鼎盛。據說：法國的咖啡業是退伍軍人的專利。

香舍麗廈大道中段，挺直叢密的梧桐樹後的聖道洛瑞街五十五號，是法國總統府愛立西（Eoysee）宮，已具有二百七十七年的歷史，以前是一座普通的貴族宅第，從拿破崙經戴高樂到現在的密特朗總統，愛立西宮換過了三十多位主人，星移物換，偌大的宮殿，真引人憑弔徘徊！

這棟十八世紀的建築——愛立西宮，歷經改建增修，共有一百二十個房間，和九萬平方公尺面積的大花園，古樹蘢蔥，綠蔭深邃，沒有一絲絲巴黎市中心的喧囂。

住宿巴黎的第二天晚上，我們去世界享譽最盛的夜總會——麗都（Lido）大酒店，（另一個常在舊小說中，提到的巴黎「紅磨坊」（Red Windmill）從1889年開店至今，規模和新穎，自然不能與麗都相提並論。）觀看高水準的歌舞表演，普通作的票券為美金五十元，可以舒適的啜飲香檳，欣賞美

麗嬌娃的歡歌豔舞，以及猛獅、巨象或大魔術的表演，享受最高耳目之娛。

不夜之城——巴黎

巴黎是不夜之城，也是羅曼蒂克極為浪漫的大都會，許多夜總會的營業直到天亮。地下舞廳也十分聞名，十幾個法郎，就可以買一瓶可樂或啤酒，在濃煙迷漫，和蓬拆熱鬧的樂聲中，興奮地扭動，瘋狂地唱叫。這些地方也多是大麻煙和同性戀者出沒場所，光怪陸離，無奇不有！

蒙馬特山下的畢家爾廣場，以紅磨坊酒店為首，櫛比鱗次的夜總會、酒家和劇院延伸極長，虹霓閃爍，燈紅酒綠，真是名副其實的「不夜城」！畢家爾也是巴黎的一個綠燈戶區，華燈初上之際，街角多的是鶯鶯燕燕，這裡也是人妖的大本營，各膚色的人妖，在公共場所搔首弄姿。

巴黎市的繁榮，全在塞納河的右岸。這條清明如鏡的河流，像一道圓弧劃過市區，兩岸的古樹參天，綠蔭叢裡點綴有高塔、華廈；河上穿梭著玻璃蓬頂的豪華遊艇。

兩岸共有四十五座大橋，最著名的亞歷山大橋，橋的高欄和大墩、全雕刻得美侖美奐。兩端的四座巨大橋柱上，雕刻有金煌燦爛的飛騰駿馬。左岸不遠，就是一代英雄拿破崙的埋骨處，青山有幸，瞻仰之人絡繹於途。

瑪得琳娜大道和卡普新大道，也是巴黎的繁華區。大商店、旅館、劇場、電影院和百貨公司，櫛比鱗次，真是車水馬龍，熱鬧極了。

現在崇尚時髦的巴黎人購買衣服，多半不去香舍麗廈大道，也不到歌劇院大道，卻湧來聖傑曼戴布雷（St. Germain des pree）街。這裡有許多服飾店，專售最流行、最瀟灑、最迷人的服飾。漫步街頭，您所看見的多是穿著摩登服飾的年輕人，也使這一條街充滿了朝氣和新穎。

花都阿姆斯特丹

步出機門，阿姆斯特丹（Amsterdam）的國際機場：史奇波爾（Schipol）機場大廈，華立寬敞，深觸眼瞼。A、B、C三條大道，平直舖展，並另有支道，支道盡頭便是登機處。A 甬道有五條支道；B道為十三支道；C甬道是七條支道。所有航空公司的各次班機，停靠在固定的支道登機口，乘客上下，不需登梯。甬道除了寬敞的走廊，另有「平型電梯帶」。每一條甬道和支道，設有咖啡室和餐廳，可以說是舒適極了。這真是一座現代化，而又非常有效率的新穎機場，每年吸引了一百六十多萬的旅人及觀光客。

我們在旅社（Doelen Crest Hotel）稍微歇息，再閒步往餐館晚飯，然後到附近的街市蹓躂。因為是星期日，所有商號，除了飲食店之外，幾乎全部歇業，街衢之上，行人寥寥無幾。我們由「水埧廣場」，走到紅燈區的「水手街」，（街道中間有運河，每隔不遠有水泥橋梁為兩岸間通道。）兩旁極多酒吧、妓女戶，及「櫥窗女郎」小商店。女郎多白妞，只有少數的黑玫瑰。他們有的是盛裝穠抹；有的是袒胸露腿；有的只穿三點泳裝；真是燕瘦環肥，妖豔撩人。她們或立、或坐在店門之內，含著執業的笑容，招徠愛好此道的尋芳嘉客。

翌日（七月八日）上午，我們乘坐Bens遊覽車去參觀世界最大的鮮花拍賣場：奧斯密爾中心（Aalsmeer Flower Auction）。該中心的面積為三十三甲半，電腦拍賣場就有九處。我們步入大廈上了樓梯，循著中央長廊，參觀花海：樓下廣場上，難以數計的鮮花車廂，滿載著萬紫千紅，芬芳襲人的奇花異卉，真是令人嘆為觀止；數不清的人員，絡繹不絕地駕駛著鮮花車廂運往國際機場，銷售於英、美、法、德、俄、意、加、日……各國的都會城市。據說每年的外銷金額高達一百億美元云云。著名的鬱金香（Tuilp casneriana），每株售價美金幾十元，有的甚至超過兩克拉鑽石價格！這些玫瑰（Rose）、雛菊（Daisy）、蘭花（Orchid）、芙蓉（Hibiscus）……幾百千種的名花奇草，呈現眼前：真是五彩繽紛、清香裊繞，幾疑到了太虛仙境。我們又到「零售部」，在嘉賓的人潮中，匆匆地買了幾色鬱金香和康乃馨的球莖，和幾小盆美麗的異種仙人掌，才戀戀難捨的轉往詹士軒Zaanse Schans 去了。

最近路透社，荷蘭恩克華森電訊：西夫里斯蘭花卉研究所，經過二十五年深色鬱金香的研究，培育成功了園藝專家們夢寐以求的「黑色鬱金香」。這一稀世奇珍的全黑花卉，豔麗光澤，翠葉肥大又有勁：是由「夜之女王和維諾華德」兩項深色高貴的品種交配育成。

荷蘭人遠自十六世紀，就嘗試生產黑色鬱金香，如今美

夢實現。（歷經數世紀及六家園藝公司的資金設備、以及專家研究栽培，才有今日成果。）

對於每年賺外匯二十多億美元的荷蘭花卉事業的拓展，一定有非常的幫助。

詹士軒（Zannse Schans）離阿姆斯特丹約三十分鐘車程，這裡保留了很多荷蘭古老的生活方式；這兒有涴瀰的水庫、運河；這兒有廣大的牧場，和特具風格的木屋。晴朗的蒼穹，幾片白雲在原野之風吹拂中，徐徐地飄過荷蘭標誌之一的巨大「風車」之頂。（荷蘭政府在全國各地保留了九百座古老風車為觀光文物。）

我們又在附近參觀了另一荷蘭標誌的「木鞋」工廠和銷售店。店門前的草坪上，擺了一隻長可一百公分、高有三十公分，漆為黃色的碩大木鞋！遊人多立在鞋內拍照紀念。我嘛，蹬入鞋內，半蹲軀體的含笑攝影，留下了一幀可貴的鏡頭。

遊覽車駛上了橡膠公路：這是世界上第一條橡膠、水泥和砂石混合舖設的高速公路，見於1920年，路面結實、富有彈性、車輛行駛輕盈快速、舒適極了。遊覽車駛向荷蘭的政治中心，也是行政首都的第三大城：海牙（Hague）市。這座人口近八十六萬的地區；街道整潔平靜，新穎的高樓華廈，並未影響它的舊觀。十三世紀的「騎士廳」Ridder Zaal是「哥德式」巨型建築，和後鄰的「市政大廳」、「荷蘭王宮」、「國會大廈」，以及各國的使館巍然聳立；郊區的碧綠草原、湖泊 、隱約著的住宅別墅點綴其間。這些高樓大廈和鄉村房屋，色彩十分協調。所有的庭院全種了風景樹；家家戶戶的窗台前，布置著美豔的盆花：一片世外桃源景觀，令人怡然欣羨！

我們再去聞名世界的袖珍迷你城，也是我們桃園「小人國」的姐妹城：

瑪杜洛丹（Madurodam）參觀。

這座迷你城建築在海牙郊區的運河堤岸附近，面積兩萬平方公尺，城高不到三呎。1950年興工，落成於1952年。截至目前已有三千多萬來自世界的各國遊客，為荷蘭賺了億萬外匯。迷你城裡有十一世紀的古堡，十四世紀的教堂；中古時期的庭園街道；還有代表歲月逝去的風車；典雅的王宮、莊嚴的國會、公正的國際法庭、學校、博物館、郵電局、廣播大廈、啤酒廠、煉油廠、火車站、航空機場、劇院劇場、湖泊運河和公園……所有著名的建築，塑製得精美絕倫，和我們的「小人國」簡直是孿生仲伯。

我們回到阿姆斯特丹市內，參觀世界切割鑲造鑽石中心——科斯特Coster鑽石加工廠。這裡的鑽石切割琢磨技術，是世界公認為獨占鰲頭的。大約自十六世紀開始，阿城就有了鑽石切割工業。這家科斯特Coster工廠，歷史悠久，遐邇馳名。那座有稜有角，方方正正的老式咖啡色的古舊建築大廈，就好像一顆奇大無比的金鋼鑽。一位美麗大方，來自我

們中華民國的小姐，以音正腔圓的國語，向大家講述：「鑽石自礦區載運到廠，經過無數次的琢磨加工，晶瑩畢現，再切角磨面，再用鑽石磨慢慢水磨，手工十分精細，磨成一顆顆稜形、圓形、正方型、六角形或長方形的鑽石，再加鑲嵌，成為光華璀璨，人見人愛的高貴珍品，運銷世界各國。」

中央火車站（Central Station）是一座文藝復興時代的外型，規模宏偉，氣勢典雅，中央大樓兩側是美麗的鐘樓陪襯，尤顯雍容華貴。這座車站的歷史：見於1884年，由三十七個人工島嶼合併，地基打下了八千六百八十七根地樁，牢固極了。它是全國鐵路中心，也是歐洲鐵路網的中樞，每日在這裡進出的火車班次，多達九百次以上。

站前廣場（Stantion Plein）就是中央火車站前的廣場；也是市區內許多運河和大馬路的輻輳地區。市內電車一律以這裡為起點。廣場附近有遊覽運河的碼頭，排列著許許多多的觀光遊覽巴士。穿梭似的紅男綠女，電車、巴士和小轎車，構成幅民生利樂的美麗圖案。

晚餐後，我們坐上玻璃頂蓋的大遊艇，在許多運河和橋梁之間，穿梭遊覽，領略兩岸的商號、公司、居戶，以及一些古老遺留下來的「哥德式」，或「巴洛克式」的藝術建築，心情十分愉快。此刻已經是二十時又二十分鐘了，夕陽仍掛在遠遠地運河港口的輪船旗桅上，水波盪漾著豔紅的霞光，閃爍耀眼，美麗極了。橋梁妝飾了許多彩色小電燈，眨呀眨的要和波光競豔！落日的時刻約在二十一時三十分左右，水上人家的華燈亮了，艙內窗明几淨，船頂的花園，以及船頭船尾的花盆中，花架上的各色鮮花，在這暮色蒼茫的燈光中，如夢似幻，尤富詩意。

「上帝造海；我人造陸。」是荷蘭人引以為驕傲的豪語。荷蘭的位置在東經三點二二到七點一三度間，北緯五十點四六到五十三點三三度間。東鄰西德；西接比利時；西和西北濱北海，與英國相望；北隔北海和丹麥、挪威對峙。全國總面積約四萬一千平方公里，其中四分之一，是用堤填圍築起來，低於海平面四至七公尺的土地啊！

荷蘭的地勢東南較高，最高處的海拔也不超過三百公尺；西北的地勢低窪，大部分的地面是在海平之下。筆者曾在飛機上俯瞰，以及乘巴士的幾天當中，自西北而東，又轉駛西南，瞭望那廣大的平原，所過之處，多是蒼翠碧綠，予人十分舒暢！

阿姆斯特丹是荷蘭首都，也是全國文化、經濟和交通的中心，人口一百二十萬，為全國最大的都市。舊市區內有古老的十六、七世紀的磚瓦房屋和石版道路；新市區的高樓大廈，也到處可見。所有的路旁，種植了成排的榆樹和普提樹。溫柔的陽光散落在運河的綠波上；居民的房屋，無論前庭後院，都種了風景樹和各色花卉；陽台、窗口，多擺設了美麗的

盆花，姹紫嫣紅、鵝黃雪白……不愧為「歐洲鮮花之都」。

我們來的時候在阿姆斯特丹住了兩晚；返國之時，只宿了一夜。因此，國立博物館（Rigks Museum），吉寶音樂廳（Concehtgebouw），梵谷美術館……以及其他各大城市如：哈雷姆（Haarlem）、鹿特丹（Rotterdam）、烏特勒克（Utrecht）……。只有期待以後「歐遊」的機會了。

歐洲記遊(一)

朋馳Benx遊覽車在平坦、寬敞的高級路面上，以時速百公里行駛，很快地到達了西德科隆市。

萊茵區第一大城——科隆

科隆Koln在埃森以南萊茵河的兩岸，東、西兩繁榮城區，有一座壯觀的大鐵橋相連，為萊茵之第一大城。

隆科大教堂舉世聞名，是世界第四大教堂，是西德最高、最大的「哥德式」的建築物，偉大和古典外貌造型，配襯兩座直貫雲霄的尖塔，使人驚歎神馳！當地的嚮導說：「這座教堂從1238年興工，陸續建造了六百三十二年才告完成，長有一百四十四公尺，面積八千平方公尺，空間四十萬立方公尺，主塔高一百五十六公尺，內部頂層的迴廊可以上去參觀。」那彩色瑰麗的宗教故事的窗飾玻璃，九個精緻大吊鐘，以及天花板的圖畫、雕塑或服飾，全是巧奪天工、精美絕倫。

科隆是歐洲的名勝古蹟區，保存了很多兩千多年前的藝術珍品。查理曼大帝在公元800年時，已將它建築為譽滿全球的名城。近百年以來，科隆更是西德的交通樞紐，工商業繁榮的都市；而且鋼鐵、機器和造船，十分興盛。製作的織物

和香水也非常有名，註冊商標No. 4711，就是兩百年前科隆「古隆花露水」產地的街道號碼。

遊覽車離了科隆，經過波昂Bonn外圍，在一個叫萊茵安喜（Rhaina-nsicht）的地方，搭乘三層豪華客輪，溯水而上，泛遊萊茵河（Rhein River）兩岸風光。

萊茵河源出阿爾卑斯山之瑞士南境，全長兩千多公里，在西德境內的有一百三十公里。這是世界上最忙的水道之一，也是魯爾工業區貨運輸出的要道。兩岸多的是黑叢叢的森林區，或是廣大的葡萄園，古色古香的歷史城堡和貴族行宮，點綴在翠綠的峰巒峽谷間；水鷗在河上忽高忽低的翱翔，河寬水深，往來的船隻，除了西德之外，還有豎著荷蘭、比利時、瑞士、英法和美國國旗的，迎風飄拂，五彩繽紛，經過城鎮居民輳輻之區，那千年的教堂和古老的房舍，又引人發起思古之幽情。

名聞遐邇的洛麗萊岩

輪船將到洛麗萊山崖時，午後的熙陽，自細雨初霽的層雲細處露出幾道華光，向陽的峰巒蒼翠欲滴，嶺蔭的叢林墨綠奧秘，稍遠的崖巔有一隻藍紅小旗，迎風飄盪。哇！那就是膾炙人口，名聞遐邇的洛麗萊巖（Die Lorley）。

相傳：有個荳蔻年華，非常美麗的女妖，梳著柔軟的金髮，那簪上的碎鑽和金飾，在水晶宮似的月夜裡燦爛發光。

她或立、或坐、或姍姍徘徊在這個岩石之上嬌聲歌唱，旋律悠揚，嫵媚而美妙；那些駕駛小艇的船夫，諦聽仙樂，翹首尋索，忘記了暗礁和漩渦，在神往魂牽中人舟覆沒，葬身波濤！

洛麗萊峰越來越近，崖下公路旁停了很多遊覽車輛。此時，客輪上傳播出「Die Lorley」美妙悠揚的旋律；我掏出繕好的樂譜，和圍坐在一起、志同道合的中外旅客們齊聲高唱。即今回憶，樂也融融。（註：峰頂有金髮女妖之坐姿裸體銅像。）

稍後，有感於船行間之水鳥偕白雲齊飛，沿岸坡地的葡萄共碧波一色，如此天工美景與女妖韻事，不禁吟句如下：

美麗煙波洛麗萊，翠隄古堡與垠垓；
雲端隱約移蓮步，一曲情歌幾徘徊。

法蘭克福多神祕古城堡

法蘭克福（Frankfurt）位於萊茵河東部支流美因河的北岸。這一帶是丘陵地帶，山連山的高低起伏，鬱鬱蒼蒼的旅途中，可以望見很多中古情調的古城堡、寺院、別墅和古塔。有的古堡高踞山巔，在藍天白雲之間，矗立著圓錐形、方尖形、渾圓形的屋頂；有的古堡建築在山腰，環繞著牆垛城樓；有的古堡傲立山麓，威儀森嚴地注視萊茵河流。許許多多浪漫的和陰森的傳說，由這些神秘性濃於宗教性和政治

性的古堡裡，傳播遐邇以至於今！

法蘭克福的人口有一百多萬，由於萊茵河和多瑙河的客貨轉運都要經過這裡，因此工業興盛商務繁榮，可說是西德的門戶，也是西德的陸空交通中心。很長的Zeil街是人們的購物中心，攝影器材和皮革品最多也最為著名。

市中心的一個街頭公園，聳立著一代詩人哥德的立姿銅像，一手握著詩卷，一手持著桂冠，臨風遠眺，氣概軒昂，令人十分敬仰。當遊覽車經過舊市區的希榭克拉大道時，導遊指著一棟紅褐色的五層洋樓說：「那就是歌德呱呱墮地（1749年八月二十八日）的故居；他在這裡完成了《少年維特的煩惱》和《法斯特》等不朽的名著。」附近還有一座「哥德博物館」，展出他生平的各種資料、手稿、著作。

法蘭克福的「舊市政廳」Romer是一棟1322年的哥德式建築物，第二次世界大戰中曾遭損毀，戰後修復舊觀。其中的皇帝聽，高大寬敞，美侖美奐，歷代皇帝加冕後，都要在此廳內舉行慶祝宴會。至今，廳內還掛著五十位歷代皇帝的遺像。

聖保羅教堂（Paulskirche）在保羅廣場中，是一座興建於1783年，完成於1830年的巍峨巨構，每年的「哥德獎」及書展中選出的「和平獎」的頒獎儀式，都在這裡舉行。

市立美術館是西德所有美術館中，最為突出的建築物。依期先後展出來自全國各地的美術收藏品，尤其是蘭布朗和布德查理的名畫。每日吸引了很多人士欣賞。

遊覽車離開了法蘭克福，向東南方向的大道前進，經過威斯堡（Wu-rgburg），努連堡（Nurnberg）到了慕尼黑。

慕尼黑（Munichen）是西德南部巴伐利亞（Bavaria）的首都，西德的第三大城，也是西德南部政治、經濟和學術的中心，人口擁有一百四十萬。

慕尼黑有兩百所教堂

我們先去參觀占地七百四十英畝，擁有四萬七千人座位的奧林匹克世界運動大會會場。這座1972年，馬戲團波浪頂帳篷式的大運動場，帳蓬是塑膠防雨與防曬的合成品，十分堅固耐久，四周和中央有數百鋼架支柱，那張開的帳篷經許多巨大的鋼纜，分配由四周的鋼架支撐住。這種怪異特別的結構，堪稱世界建築的奇蹟。遊客們多喜歡乘電梯，上到那九百五十呎，象徵世運精神錦標的針形高塔，坐在旋轉的圓形餐飲廳中，低斟淺酌，飽覽四處的風光景色。

慕尼黑又是西德和義大利交通孔道，位置在風光明媚的伊薩河畔。市區保持著古老勁猷的特色，商業鼎盛，街衢整潔。在特定的行人徒步區，所有的馬路中間設計了美觀花壇，種植著各色的豔麗花卉；雅致的街燈，每柱頂端是兩個淺綠色的扁圓美術燈罩。花前燈下，隨意安放了一些白色靠背椅，供人坐憩。儘管滿眼人潮，卻井然有序，無聞喧囂。

水果店裡的蘋果、櫻桃、柳橙、水蜜桃……的碩大和逗人的色澤，吸引著排隊的男女同好。水蜜桃肉厚汁多，香甜潤喉，確是難得的口福！

市區的交通工具有巴士、計程車、地下鐵和電車，街道兩旁的綠樹成蔭，每一條長街的交會地方，都有噴泉；全城總計有六百多個。路旁多的是露天咖啡店，供人歇憩敘談，或觀賞行人市景。

市內有將近兩百所教堂，其中最古老的是聖彼得教堂，建築於十三世紀。美術館和博物館也很多；有著名的「藝術之家」（Hauss der Kunst）館內陳列了高更、賽尚、羅諾爾、畢加索和馬蒂斯蒂諸大家的作品。

至於口碑載道的「巴伐利亞國立博物館」是一座占地極廣的七層大廈，展出金屬技工、開鑿隧道、煤礦、鹽礦、天然氣、造橋、築路、電氣工程、航空水利工程、物理、核能、化工、太空科學、音樂器材、紡織工業、印刷、玻璃和陶瓷製作、重量時計、農技及天文儀等等，包羅萬象。而且，每日排有定時的操作示範，由各類的教授專家擔任；更有化工物理的設備，供給參觀人士實習試驗。附設大圖書館、書店以及餐廳服務，真是一座最完善的工藝博物館！

每月九月底到十月初，是慕尼黑為期兩週的「啤酒節」，不但風靡了南部的巴伐利亞人，也吸引了嗜好杯中物的觀光客。筆者緣淺，因為旅程的關係，遊覽車只得緩慢地駛過那座歷史悠久、巍峨龐大，每年榮獲世界冠軍的「啤酒公司」，為之既欣羨又惆悵！

漂亮寧靜的茵斯布魯克

遊覽車朝南駛入的阿爾卑斯山區，公路多依傍高山而下臨深谷，車行超級路面十分平穩。沿途的高崗、丘巒，多的是蒼蒼的山毛櫸、橡樹，以及碧綠草地。不時也可望見山區的農戶和田園，幾疑似陶淵明所寫的「桃花源」了。下午到達了奧地利的茵斯布魯克。

茵斯布魯克（Innssbruck）是奧國提洛爾省（Tyrol）的省會，四周為丘陵圍繞，位於因尼河（Inn River）的南岸。城北二十五公里的賽費爾（Seefeld）是海拔一千二百公尺的有名別墅區，北倚阿爾卑斯山峰。冬季可以滑雪，夏天可以玩高爾夫，或去山澗小溪垂釣……都是人生的賞心樂事。

茵市的鐵公路交通非常發達，來往捷克、西德、義大利和瑞士十分方便，南部的布里納（Baroque）隧道，是聞名中歐和義大利的險隘。

茵斯布魯克的街道兩旁，多是巴洛克（Baroque）式的建築，寧靜漂亮，令人羨愛。「巴洛克式」建築的特色是：裝飾和曲線特別的多。市區瑪麗亞泰莉莎街的南端，有一座「凱旋門」，是1767年瑪麗亞泰莉莎女王為第二個兒子結婚

時，所建築的紀念物。另有一座名聞遐邇的「金屋頂」，是赫布斯堡王族一位公爵舊宮的三樓陽台屋頂。「金屋頂」在日光中閃爍耀眼，陪襯著二三層樓的上下精緻雕刻，和彩色豔麗的壁畫，吸引了無數的觀光人士。

本文刊於東方雜誌二十卷十期（七十六年四月一日）

又：「美麗的洛麗萊」短文，發表於「聯合文學」十七期

七十五年三月，筆名李芹。

歐洲記遊(二)

威尼斯和翡冷翠

威尼斯Venice真是一座浮在海上的都市。工商業的繁榮和歷史的遺蹟，使它好像一顆美麗的寶珠，引來了絡繹不絕的觀光人潮。

威尼斯市南北長約兩哩、東西寬約三哩，陸地街道長約九十哩。市區建築在「瀉湖」上一百二十多個沙洲之上，共有一百五十七條風光迷人的運河。白天，高聳的教堂鐘塔、大樓巨廈、船艇、虹橋……在藍天碧水裏交相輝映；晚間，星月華光和霓虹燈彩，如幻似真地閃爍在輕漾的漣漪中，引人尋夢。

這座人口近七十萬居民的古老水都，已有兩千多年的歷史；一千三百多年前，威尼斯只幾排建築在木樁上的村莊罷了。1300年威尼斯已成為歐洲強大的海權城市；歷代公爵的統治都殘酷嚴苛，異己份子皆遭殺戮或監禁。不過，統治者倒是最慷慨的藝術贊助人，都聘請了許多建築師和藝術家，設計了華麗的宮殿、教堂，以及雕刻和名畫。

威尼斯共有一百五十七條風光迴異的運河，共長四十五公里，其中最寬的大運河（grand canal），呈S行橫貫全城，

長達三公里多，寬度自二十三公尺到七十七公尺不等。我們乘坐的觀光郵輪緩緩駛行，瀏覽兩岸兩百棟以上「哥德式」文藝復興時期的建築，（全是大理石為材料，建立年代都在十四到十五世紀間。）擴大了我的眼界，增廣了我的見聞。

聖馬可廣場（Plazza St. Marco）為市區中心，是最大運河的盡頭，對著碼頭的是「公爵府」，再出去就是湖海了。廣場面積有十多公頃，除了進入的大道外，四面全是龐大的建築巨構。廣場上成千上萬的馴鴿，上下飛翔；常落在遊客的身邊、肩上或膝上討食；當教堂大鐘叮噹作響時，那鴿群翻飛於祥雲與教堂之頂，又別有一番景色。

紅色的鐘樓，矗立在廣場之上，高可三百二十呎。東邊有聖馬可大教堂（建於十一世紀），這座典型的「拜占庭」（Byzatine）式的建築，金碧輝煌，真正華麗極了。約在西元864年間，這一座長方形的教堂，安葬著基督使徒馬可的屍體，不幸於976年毀於火焚。1041年重建。十四世紀時，加上了「哥德式」的尖形拱門設施，後來又陸續美化「文藝復興時代」的裝飾。五座拱門上特置平台和欄杆，上面又是尖圓拱形的樓門；教堂穹頂的五座圓球的結構上，另有尖錐飾物，顯得更為雍容華貴，而且莊嚴。

教堂內部龐大無比，所有廳室、樓房全部堂皇富麗，各有色大理石和彩色玻璃鑲嵌的圖案，描述「創世紀」，以及基督使徒們的事蹟。教堂左右旁的衙門，現在全改做為高級商店，也都是三層樓房。這兩排近百間建材都是白石的拱形門，更將大教堂襯得宏偉輝煌極了！

我們又去參觀世界聞名的「玻璃公司。」公司入門處布置了一個吹玻璃技藝的表演場，公司的引導專員口若懸河地介紹其歷史、玻璃原料、製法、成品的精美，以及行銷各國的概況。此時，大烘爐旁的兩位技師：一執鐵叉夾子，一拿吹管和鐵剪，走近爐邊，在那血紅的漿液容器裡，用鐵叉撩起一些紅軟軟的漿團，極純熟而又適度的轉動，很快地由另一位拿吹管的，以吹管將那紅軟軟的漿團接了過去，同樣純熟地轉動撥弄，並用嘴向吹管的上端吹氣；說時遲、那時快，真像變魔術一樣，原來滾動的、紅軟軟的漿團，竟變成了一隻玲瓏精緻的花瓶，又看那技師戴了手套的右手，在那花瓶口捏捏，或用鋏子鑷鑷，不到二分鐘的時間，竟是一隻漂亮精緻的花瓶呈現在我們眼前！

今日威尼斯市區的街道上，全是熙熙攘攘的行人，看不到一輛汽車。市區有四百多座不同形式的橋：現代化的鐵橋、原始的繩橋，以及石橋、木橋、露天橋、頂蓋橋、拱橋、橋外橋……形形色色，各異其趣。其中兩座著名的橋是：嘆息（SSigh audibly）橋和利阿爾多（Rialto）橋。我們曾在利阿爾多橋上漫步，追尋那古代王族專售金、銀器皿及皮革精品店鋪的一些遺蹟。

至於莎士比亞著名悲劇中「奧賽羅」的故居；拜倫·

華格納和勃朗寧等歷史名人住過的樓房，我們緣慳而未往瞻仰！那十二世紀的威尼斯少年馬可孛羅揚帆東航的聖喬治島外的海灣，也只在乘輪船返回碼頭，乘坐遊覽車的留戀眺望中，寄託將來再來的機會了。

翡冷翠（Firenza），又名佛羅倫斯（Florence）。我國已故新文學詩人徐志摩先生，曾有〈翡冷翠的一夜〉〈翡冷翠山居閒話〉兩篇膾炙人口的散文，因此「翡冷翠」，這充滿了詩情畫意的譯名和此地的美景，深深地印在我的心版。

翡冷翠的引人嚮往，不僅是自然的美景、古老的建築；而是它整個城市的設計和藝術創作；表現了人類智慧，也提示了人類尊嚴和生命的永恆感。

我們先去碧提大廈（Palazzo Pitti）遊覽。這是一座百多年前，翡冷翠首富（商人）碧提先生的住宅。碧提經濟破產後，由另一富豪最有權勢的老麥底契（old Medic）買下來，加以擴充美化，送給太太了。嗣後，又成為羅倫佐大公爵麥抵契的官舍。1890年翡冷翠成為統一後的義大利首都。這座總面積達三十五萬平方呎的大廈，就是當朝皇族的宮廷。現在，主管單位將它區劃為園、庭，以及多種古物、藝術珍品的收藏展覽場所了，它規模之大，園林池沼之美，雕像之逼真，收藏之豐富珍奇，誠非筆墨能形容。

我們再去瞻仰那高聳雲際的「翡冷翠主教堂」和它的「卵圓形八角頂」這是布魯內勒司基（Bruneclescks）突破神

性昇騰式尖塔形屋頂，改以人性化圓屋頂的歐洲先知。1430年間，他被徵選為這座十二世紀以來，斷斷續續經過許多營建的歌德式的「翡冷翠主教堂」，設計了這個雄偉八方的「八角形紅色卵圓屋頂」；也為米蓋朗基羅引來了設計羅馬聖彼得大教堂圓頂的靈感。

翡冷翠主教堂可讚美人間最雄偉、最華麗、最有藝術價值的大教堂。它的全部工程自1296年開始，到1471年完成圓頂，歷經了一百七十五年的時光，比梵蒂岡德聖彼得大教堂還多了五十五年！

翡冷翠主教堂是最先透露文藝復興曙色的一組建築。教堂內部高大通敞：正堂是十字形，十字凸出的三翼，每一翼有五個小聖堂，全是大理石拼花牆面；五彩大理石拼圖的地面。米蓋朗基羅所雕的四個「聖母抱聖屍像」，其中第三個便陳列在這個主教堂，那抱聖屍的尼克底姆（Nicodimua）實際是他自己的化身。

主教堂左側的方形鐘塔是喬托（Crottodi Bondone）設計的，它建築了二十五年，高度為二百六十五呎，由基座梯子爬上去共有四百一十四級；和那座八角形的紅色卵圓屋頂，前後聳立而相得益彰。

「天堂之門」，這座睥睨世界藝壇先知米蓋朗基羅所讚譽的雕花銅門，就是翡冷翠的洗禮堂（Baptirtry）的東邊大門。這座驚世的藝術精品，是1415年由基伯提著手雕刻的。

門扇的景觀、人物和意境的一切，堪稱是出神入化。

洗禮堂是八角形的建築，外形挺像古堡似的在主教堂前轟立著，它原是五世紀時的建築，十一世紀曾加整修，屋頂金球上的十字架，也是最先出現在西方天空的聖靈標誌。因為時間無多，我們的遊覽車在陽光沐浴中，緩緩地駛上了聖米乃陶（San Miniato）山上的米蓋朗基羅廣場。

站在米蓋朗基羅廣場眺望，那碧水如鏡的愛諾河（The river of Arno）上橫亙著幾座虹橋，這文藝復興的發祥地：翡冷翠的兩岸，就是那時義大利的文藝天才的搖籃。

但丁（Dante Alighicre），米蓋朗基羅（michelangelo），達文西（Da Vinci）……等文藝大師都曾居住此地，真是人傑地靈！

廣場中央轟立翡冷翠靈魂的「大衛像」，那英俊昂然、玉樹臨風的赤裸體態，那充滿智慧和毅勇的目神，那兩隻擎天長臂，直到每一指頭的勁道，那修長的雙腿，都表現了人類的高貴和尊嚴。這不朽的雕像又是米蓋朗基羅青年時候的傑作。在廣場上走動、欣賞、攝影之後，我們乘遊覽車順著聖米乃陶山的公路下山，沿途俯視這「百合花」、「花都」之稱的翡冷翠，心情十分愉快。

比薩和熱那亞

比薩（Pisa）城在佛羅倫斯（Florence）的西方，沿阿諾河下行距離約八十公哩，若乘火車一小時左右可以抵達。城內還有許多石版路，觀光遊客乘坐馬車瀏覽一番，就好像來到了中世紀的國家，古趣盎然。

比薩市中心區的馬可尼（Mitacoli）廣場佔地近三甲，一邊是古老的城牆；另一邊是馬路店鋪。廣場上綠草如茵，樹立著三座龐大的建築物：西邊是巴蒂斯鐵諾（Battistero）洗禮堂，外貌好像一頂綴滿寶珠的皇冠；裡面收藏了畢沙諾兄弟的浮雕，以及「最後的審判、「死的勝利」兩幅名畫。這座洗禮堂是圓形穹頂白色大理石的建築物，第一層有四個拱形大門及十六個長十字型大窗；第二層有無數拱門和石柱，尖頂上雕綴了許多圓珠；第三層繞有許多拱形窗，窗上也飾滿了圓珠的尖頂；穹頂是大圓珠狀，一半朱紅色，一半是灰白色；最高頂上是一座大雕像。

廣場東面正對著洗禮堂的是多磨（Duomo）大禮堂，是中古羅馬教堂最美麗的一種風格，也是白色大理石的建築，青銅雕花的大門，廳堂四壁和廊柱等等的嵌工雕飾，全都精緻絕倫。高堂上的玻璃大吊燈，放出柔和的亮光，予人十分寧靜安謐的恬適。

世界七大奇觀之一的「比薩斜塔」（鐘塔），位在多摩主教堂的後面，興建於1173年，完工於1500年。

這座高為五十六公尺的八層圓筒形的斜塔，每層有四個大門可以出入，底層是十四個大石柱環立，上面的六層各有二十六個石柱拱門環廊（沒有欄杆），第八層和頂層的面積

稍小，卻見有鐵欄杆，裡面有一座大鐘。憑欄眺望，極目千里，看遠山蒼翠與波河平原之廣闊；西邊利久立灣（Ligurian Sea）之浩瀚，心胸開曠，寵辱俱忘！

這座鐘塔全部使用巨型大理石建造，因為地勢下陷，而徐徐傾斜，六百多年來，雖然歪斜了十二呎，卻依然屹立無恙，成為世界上的一大奇觀。據知：現在還繼續的斜傾，每年約增加一公釐的斜度。義大利政府已特設了一個委員會，並公開徵求防止鐘塔再傾斜的意見，重賞五百萬美元。不是要斜塔變成直塔；如果變成直塔，就會韻味盡失，沒有觀光的價值了！

比薩是伽利略（Galitis Gilel 1564～1642，天文物理學家。）的故鄉。伽利略雖出生貴族，卻力學不竭，少年習醫、後攻數學和科學。曾任比薩大學及帕雕亞大學數學教授。發明「落體定律」和「擺之定律」，始製溫度計，首用望遠鏡觀察天體，發現木星的衛星及太陽的黑斑，創「地球繞日運行」學說，觸怒教皇，以妖言惑眾下獄，年高七十，仍在獄中研究不怠，所以發明特別多，世人尊稱為「實驗科學之祖」。

遊覽車傍著利久立灣的高速公路的丘陵地段，穿過了一百五十多山洞隧道（多數是四線道的雙向專用國際道路），約在下午五時左右抵達熱那亞。

熱那亞Gen.o.a在義大利波河平原，也是義大利大部分物產及工業製品的輸出港。位於利久立灣熱那亞灣的北岸，所有內陸及沿海地方，包括穿越阿爾卑斯山（Alpomountain）的鐵公路運送的農工貨品，均在此彙集，所以商業鼎盛，貿易佔全義大利第一。人口近百萬，是義大利的第四大都市。

1492年獲得西班牙斐迪南第五及王后伊薩伯拉贊助，率舟三艘橫越大西洋，到達美洲新大陸的哥倫布（Columbus）就是熱那亞人。我們所住的觀光大飯店Savaiamajestic就在哥倫布紀念廣場附近。我曾多次立於哥倫布的大理石像前瞻仰、禮拜，景仰他睥睨豪雄、開拓新大陸的偉業。

漢堡印象

漢堡Hamburg是西德的第一商港，也是歐洲的最大港口，貿易額佔全國之半，面積約一百平方公里，人口約百萬上下。漢堡是西德最大的工業城；也是西德河港和國際航運的要衝。各國海運的郵件和包裹，都彙集此間轉運。各國的大貿易公司、航空公司、輪船公司、保險公司、徵信公證公司、銀行、領事館，都在此間設立分支機構。港口有專用鐵路、倉庫區，數不盡的卸貨吊車，以及其他的各色車輛，一片忙碌，蓬勃的氣象，令人嘆為觀止。港口區城建立了一座高架陸橋，跨越在大小港灣之上，既便利交通，又節省時間。此一偉大壯觀的陸橋，盤曲迴旋，非常新穎；四線道路的橋面用水泥鋪成，左右前後由幾十條巨大鋼鐵和橋面相牽繫，車行望遠，心胸豁達；俯覽港區之車船，如龍似蛟……。

漢堡的地下鐵，也誇耀世界。1974年更在地下鐵道下面，建築了Never Elbtunnel地下海底隧道，深入地下六十呎，通往三個方向，分別長九公里、四點七公里和二點六公里。每條隧道都是雙線往來，燈光明亮、空氣調節適宜。火車站是一棟古老的、堅固的、巨大圓頂建築物，離我們所住的漢堡廣場大飯店（Hamburg C.P.Plaza）很近，過站火車頻頻，卻無噪音擾人。據知：還有幾十條鐵軌鋪設在車站大廈的地下層。

瓦林公園（Wallring Park）離漢堡廣場大飯店不遠，散步前往，十多分鐘可以到達。公園清雅幽美，有電動小火車行駛；有為兒童觀覽的特別節目及遊樂設施。每晚九時開始，有電腦噴泉芭蕾旋律舞的表演，在星月之夜，或黝暗之夜，公園裡的小湖，隨著交響樂聲，開始噴水，水柱的大小、形狀、高矮，依循樂章旋律的變化與變化。作不規則的躍動、扭動；彩色的燈光，自四處和湖底照射，水柱、水花、水浪……也呈躍七彩繽紛。我到之時，正播「天鵝湖」舞曲，只見那奇妙的噴泉，時而飛紅蘊藍、時而縈青繞白，幾疑似仙裙縵縵、羅裳飄飄；或瓊樓玉宇，或瑤池鳳闕……萬千欣賞者屏息凝神，注視噴泉的畫面，和那旋律節奏的轉變，引發無窮的想像遐思。

漢堡市政廳（Hamburg Rathaus und City）是建於1886年的「文藝復興式」的長方形磚造五層大樓。正中的大門樓更高到十二層，上面還有圓球尖頂，四角德樓頂尖端，各立銅像乙座，大門之上，有四支藝術高大的圓柱外，尚有巨大精緻的銅像六尊，左右兩側大樓的每一個前窗間，和每一個窗櫺之上，都立有銅像，氣勢磅礴。整座大樓完成於1897年，據告是用四千支橡樹巨幹做為基礎。

漢堡全市的二十二家歌劇院當中，以玻璃歌劇院最著名了。這裡還有一座電視塔，高二百七十一公尺，聳立雲霄。上面設有餐廳、酒吧，人們入席飲酌，憑窗眺望或俯視，因為有機關緩緩旋轉的緣故，全市的美景盡收眼底。

漢堡的亞士德河，經由市內向北流入北海，而分為內外兩個部分，外湖已成為使館高級住宅區。內外湖水都非常潔淨，面積也非常遼闊。湖上只准划船和滑水，不允許游泳。有四艘輪渡，連絡交通附近的碼頭。如鏡清明的碧波上，風帆片片和三五白鵝，的是幽雅迷人。我們的遊覽車，選擇一處稍歇，我瀏覽湖光山色，攝取鏡頭；遠處的臥波長橋，視野內的情侶雙雙，或漫步湖濱、或席草地耳語；近處有花傘露天咖啡座，極多的紅男綠女，正低低切切持杯啜飲，如此之美景良辰，樂也何如！

西北歐的桃源——丹麥

七月二十二日（星期一）下午四時又十分，英國航空公司的BA0638客機，送我們到達了嚮往至久的哥本哈根。

哥本哈根（Coqenhagen）是丹麥的首都。位置在西蘭島東岸，濱松德海峽，隔海和瑞典的馬爾摩港相對，那邊的房舍都市，遙望清晰；有鐵路橋梁和輪渡交通。

哥本哈根為北歐最大都市，扼波羅的海和北海間航運的要衝，形勢險要，具有極高的戰略價值，有「北方伊斯坦堡」之稱，面積為七十三平方公里。城區一半在西蘭半島東岸；一半在阿姆格島北部；另外一部分建築在附近的小島上，居民近二百萬。

哥本哈根在1167年以前，只是個小漁港，為亞斯朗主教領導經營，才成為一個城市，1442年升格為丹麥首都。近幾百年來，已成為歐洲大陸和北歐之間的重要貿易站；也是丹麥的優良海港，和極重要的工商都市。這裡的牛奶加工廠，設備之精良，允稱世界之冠。

British airways只費一小時又二十分鐘，讓我們來到這哥本哈根的凱斯特普（kastup）國際民航機場。機場弘大，各項設備媲美倫敦和阿姆斯特丹的國際機場，日航、德航、泛美、英航和斯堪的納維亞航空公司等的國際航線，都在這裡起落；至於丹麥國內，各大城市間的空中營運也十分忙碌。所以，自機場到市區，每日七時至二十一時有巴士Bus營運，車程大約二十分鐘；計程車Taxi也絡繹於途的為顧客們服務。

旅遊公司的新穎遊覽車，迎接我們住入薛萊頓哥本哈根大飯店（SheratonCopenhagen Hotel）。市區的街道寬大清潔，往來的公共汽車身採黃白兩色，設兩門上下，座位舒適雅潔，予人印象極佳。經過新加坡航空公司時，看見清潔工人正在掃除玻璃碎片暨其它穢物，也有警察和二三旁觀民眾。導遊告訴我們；暴徒瘋狂，一個多小時前在那兒投擲小炸彈，幸好無人傷亡。目前，恐怖分子時常到處惹事，誠令人齒冷！

哥本哈根市的交通，四通八達，國際火車可以駛往比利時和德國；長途火車可至國內所有城市。市區以內有電車、公共汽車、無軌電車和計程車。電車路線很多，從黎明營運到午夜零時三十分。公共汽車也多，並且一票通行，由司機售票（包括回數票），營運自清晨到次日凌晨兩點半。計程車可以沿街載客或電話洽僱。市民也可以騎腳踏車，馬路上設有專用道路，方便而且安全。

市區內河流，全都是人工開闢的，那奧洛巴大飯店前的大運河上，就橫臥著一座自動開闢的大鐵橋，橋寬五十公尺，敷有電車鐵軌，工程非常偉大，充分象徵著哥本哈根的現代化！

哥本哈根真是北歐潔淨安謐的都市，碧綠的草地和蒼鬱的樹蔭到處可見；街道寬大平直，沒有電線桿（線管均埋設地下）。建築物新舊間雜，但覺十分調和。現代化的摩天大廈不多，那些古樸厚重的樓房，承有一二百年的風霜歲月，式樣典雅，予人遐思懷念。樓房彼此之間，都保持了相當距離；屋簷和窗框都不伸出，卻見稜角分明，顯示出充分的線條美。

新港路一帶是有名的「懷古區」，寬大的街道中間是運河，往來船艇，倚艙可以看到左右駛過車輛，以及兩邊街道上的店號樓房，還有沿著運河堤岸行人道上的過客，或是駐足欣賞碼頭風光的仕女先生們。丹麥人常說：「你不到新港，不能認識哥本哈根。」我不虛此行，曾在童話作家安徒生（Andersen 1805～1875著有醜小鴨、拇指麗娜等，各國多有譯文，并著戲曲、小說、詩歌、遊記、自傳等甚豐。）住了二十六年的新港路六十七號，古色古香的樓房前緩慢而過，注目瞻仰，心儀紀念。

哥本哈根市政府廣場和康肯斯尼特洛夫廣場的斯特傑（Stroget）大道，是首屈一指的繁華區，也是行人專用徒步區，林立著各式各樣，富麗耀眼的商店和百貨公司，一片人潮，生意非常興隆。那些商店、百貨公司的櫥窗，（包括街頭的。）都擺設的非常精緻及藝術；展示的商品，除了丹麥特產之外，也陳列了各國的著名貨物，林林總總、五彩繽紛。我看見一襲貂皮女披肩，標價高達美金六萬元！這裡的銀器也舉世聞名，據知哥本哈根大學（創立於1479年，為北歐最具歷史的高等學府）就設有銀器研究的科系。

蒂佛妮（Tivoli）遊樂園有一百三十多年的歷史，園裡留存有1843年的要塞遺蹟。遊樂園在市中心區，每年自五月一日起至九月十五日開放，據說，每年平均有四百多萬的遊客購票參觀，為市政府帶來可貴的稅收。

蒂佛妮遊樂園佔地十九英畝，有四座大門，全都巍峨宏大，華麗莊嚴。園內樹木蒼翠、花圃艷麗，其間有一座很大很大長方型的噴水池，池裡的噴泉和水瀑交織，迷濛的霧水，如疋的小瀑，嘩啦嘩啦的水聲，以及池中女神鞭策四匹碩壯水牛的巨大銅像，吸引了無數的人們：有的徘徊欣賞，很多人坐在池的周遭談笑，以手拍水、掬水；很多人循著石階，緩步上坡，在斜坡頂端俯瞰日光中池水四濺，人群悠遊的景象，真是人間樂園。

美麗嬌健的女神，目光銳利堅定，執持皮鞭，驅策著四頭水牛；水牛鼻孔，同時噴出八道水柱；池中另一條巨蛟也吐出滔滔水瀑，交錯飛濺，蔚為奇觀。

女神、四匹水牛，以及巨蛟，都是逼真絕倫的銅塑像。（哥本哈根的銅像特別多，每隔一段路，就可看到一座唯美唯肖、精緻高雅的銅像。這些銅像多是紀念詩人、作家、科學家或藝術家的。包括了通貨應用的鈔票圖像。）那傳說的

故事是：哥本哈根所在地的西蘭島Zealand，來了一位「勤勞女神」姬芳。當上帝命伊下凡建國時，言明在一夜之間，能開拓出來的地方，就是今日的丹麥、瑞典、挪威和芬蘭四個國家。

女神噴水池附近，有很多百花競豔的大小花圃，各種顏色的鬱金香，朵朵嬌豔欲滴，生趣盎然。園裡有各式各樣的現代化電動娛樂設備。有一家裝潢得光華燦爛的餐館，遊客入座，可以享受到各國的名菜佳餚。附近許多布置新穎而且雅潔的小攤子，或供應咖啡、可樂和點心，或販賣紀念品，或為遊人當場畫像……百貨千技，逗人流連。其中一種玩藝是：敲碎瓷盤的戲耍攤子，顧客可以各種方法敲擊，敲碎的花樣越多，喝采之聲，也更加宏亮，充分顯示丹麥人的驕傲和豪爽！因為哥本哈根皇家瓷器工廠生產的物品，非常重視品質，只要有些瑕疵，就不准出售，全部送到蒂佛妮樂園供人做娛樂遊戲之用。當你看見玩藝技師，一舉擊碎高達數呎的磁盤；還有那落英繽紛似的碎瓷以及墜地的奇異聲響，該是如何刺激！

美侖美奐的音樂台和露天劇場，經常有少年鼓笛隊、交響樂團的演奏，以及戲藝、啞劇、魔術、雜耍、現代舞、芭蕾舞和熱門歌唱等等演出，無分日夜，熱鬧極了。晚上到處綴滿霓虹燈光，到處施放五彩繽紛的煙火，光彩熠熠，處處歡騰。來到園裡的外籍觀光遊客，興奮歡樂之際，發現了代表自己國家的建築物，或商店公司之時，自然倍感親切。我們就曾在一座畫棟雕梁，鬥角飛簷，古色古香，四層高的中國塔樓下，徘徊良久。

阿瑪麗堡（Amalienburg）是克麗絲汀十世女王的夏宮，也是歐洲最最樸素的王宮，如果沒有門前那幾個崗位上的御林軍，無人能想像這裡會是王宮了！這裡的御林軍也是頭戴大黑熊帽，身穿紅色戎裝，多兩道白條交叉胸前，挺腰直立；其中卻有一位御林軍，肩上正托著槍，在一條直線、一定的距離內，來回踱著方步。

阿瑪麗堡市興建於1750年的柔克克式王宮，建築呈ㄇ字型，宮前廣場中，立有克麗絲汀十式女王便服騎馬的大理石像，平和優雅，自然流露著親民、愛民的精神，馬兒輕舉前蹄，狀似緩步而行。廣場滿舖方形小石，且鑲彩色圖案，幾盞老式藝術街燈，引人起思古之幽情。就近的御花園，綠蔭芳草中，遍植紅白玫瑰，間有奼紫嫩黃，花大且有清香；溫暖的陽光裡，蜂蝶翩翩，假如能居之小憩，真正是人生一樂。

克麗絲汀堡（Chisianburg）建築在哥本哈根發祥地，曾經是阿布沙倫（Absalon）主教的居城，後來一度成為皇宮。十八世紀末燬於火災之後重建，現在是丹麥中央政府的辦公處，同時也是一座博物館，經常開放供人參觀。

克麗絲汀堡是巍然矗立在碧波盪漾的運河之上的哥德式建築物，外形灰綠古樸；內部卻富麗堂皇，引人欣羨。入

口處的警衛廳，高大宏偉，畫棟雕梁，全採淨白色，地板鋪上白灰兩色大理石，廳柱由六尊巨大魁梧的大力士雕像扛托著。人們進入大廳，必須穿套一雙紅色、或藍色拖鞋以保護紅絨地毯。廳內裝潢採用純白色和金黃兩色。兩樓很多房間，每間用途不一，因此每間的陳設布置，各異其趣，但都極盡豪華超絕之能事，幾令人嘆為觀止。附設圖書館的房間共占兩樓，靠牆的書櫥高及天花板；懸吊著華麗耀眼大水晶燈。我們走入另一間「武士廳」，看見廳裡的每一吋牆壁，或每一吋門板，或者每一個角落，全都是藝術的組合，令人目不暇接。

市區內有一座古老挪威式的教堂，巍峨入雲；那高約四十公尺，四方行紅磚的建築之上，再有六層綠色鑲金的「螺旋塔樓」，更上是兩層的白色尖塔，真是風華絕殊，十分突出。

七月二十三日（星期二）黎明五時許，我就起床刷牙、梳洗；閱覽哥本哈根市圖，鳥看窗外風光。我住薛萊頓哥本哈根大飯店（Sheraton Copenhagen Hotel）第十三樓十九號房，那十層大樓的「IBM」近在我腳下，三五海鷗在「IBM」的樓頂和寬廣街道的高空，或在我的窗前翱翔翻飛；眺望那市塵遠近的高樓尖塔，這幅北歐都市之美的圖畫，予人心胸豁達。俯視街道之整潔，以及電車、汽車之穿梭有序，令人讚嘆不已。

哥本哈根的夏季七月，晨三時天就亮了；太陽落海要到二十二時；晝長夜短，最符合我們這批觀光客的心意。

傍午，我們乘坐遊覽車到達港口，瞻仰那世界馳名，遐邇傳頌的丹麥國寶——美人魚銅像。

傳說——其實在安徒生（Andersen）所寫的故事。一尾多情的美人魚，在一次偶然的機會中，挽救了一位落海昏迷的王子……。自此一縷情思縈上心頭，乃哀求海神賜給靈藥，服後浮游出海，坐之石上，癡癡等待。然而時限超過，靈藥失效，因此，百餘年來冗自獨坐；無論晨昏雨露；不畏酷日風雪和浪濤，默默地、癡癡地，等待、等待！

附近停了幾輛遊覽車，還有十多輛轎車；堤岸上全是絡繹而來的瞻仰者，路旁的長椅上，坐了很多老人和遊人，有的四處眺望；有的低聲敘談；有的正餵食鳥雀……。

這個小美人魚（The little mermaid）銅像，鑄造得十分傳神，玉容娟秀，身段嬌娜，臀部和下肢魚尾，緊貼在一個碩大的石頭之上。（銅像豎立於一九一三年。）港灣遼闊；海鷗忽上、忽下地來回翺翔；對岸的樹叢、高樓以及商輪巨艦，襯顯在美人魚像座之後，我攝到了兩幅得意的鏡頭。回到遊覽車的座位上，不禁吟占如下：

海濱憩一美人魚，秀髮臨風勝玉蕖；
靜看千帆隨浪去，人間天上兩相宜。

丹麥的位置在波羅地海和北海之間，南接西德，東北有松德峽、克德加特峽和瑞典相對，西北哥斯克基爾拉克海峽和挪威遙望。由八個大島和五百多個島嶼組成，面積約四萬四千四百二十多平方公里；人口五百四十多萬。

丹麥的社會福利政策和，公共保險制度，辦理得非常好，國民的平均所得，每人為美金一萬零六佰元。

丹麥非常重視女性的平等權益，兩性相洽組織家庭；如雙方離異，子女去省視再婚的生身母親，做父親的有義務和雅量陪同前往，而成為風俗習慣。筆者居住哥本哈根兩夜三日，多方觀察諮問，多處走動尋訪，瞭解了丹麥的男女職業、社交……完全和荷蘭、西德、瑞士、英國……甚至和我們一樣。至於有人道聽塗說什麼：「丹麥是如何如何的天體之國」：「丹麥是如何如何男人的樂園。」……這些不求根源，不負責任的言談，只有讓人頻添由衷的暗笑！

本文於東方雜誌第十九卷第十一期（七十五年六月份）

羅馬和梵蒂岡

羅馬Rome是義大利的首都；也是義大利的政治、文化、經濟和交通的中心，位置在台伯河的下游。因為義大利半島在地中海的中央；而羅馬的位置又在義大利半島的中央，因此，不論古羅馬帝國，或是今日的義大利共和國，都以它做國都，所以有「永恆之都」EternalCapital的稱呼。

傳說：天國中的戰神「馬斯」mars和羅馬城生命之火的守護神「維斯妲」廟中的女尼熱戀，一胎生下了羅曼拉斯和雷瑪斯兄弟倆人；馬斯惟恐觸怒天帝，將之棄在克比多林山上The Capitaline mountain，卻為一隻母狼啣至山洞，以奶哺育而至成人。憂患中的大哥，後來竟做了羅馬的開國皇帝！如今，克比多廣場的藝術館中，仍陳列了一座「母狼餵養一對孿生兄弟」的黃銅雕像；那母狼碩壯頎偉，目光炯炯；以及一坐一半跪的兩個裸體孿生小子，同時仰首吮奶的體態，觀光的人們看了，不禁莞爾，也都津津樂道。

羅馬分成新舊兩個市區：新區以廣大的人造湖為中心，劃分了政府行政區、商業和住宅區，馬路寬闊，新式建築的風光，令人難忘。舊區的古蹟萬千、教堂林立、故宮櫛比、學府無數。至於噴泉，據說有三千多個。我們所在的米蓋朗基羅大飯店Mlchelangelo Hotel，離「古鬥獸場」很近。

古鬥獸場聞人嘯獅吼

這古鬥獸場又名復爾維劇場Flavian Amphitheatre，是四層用大理石砌成的橢圓形建築，看去彈痕累累，右邊尤甚，簡直像似蜂窩，當是往昔兵燹砲轟的紀念。

這鬥獸場也是競技場，是羅馬盛世威斯巴西安Vespasian皇帝，西元72年興建，到80年達提斯皇帝手上完成的。據說羅馬作家Dion Cassius 記述：慶祝開幕禮達百日之久，約有九千頭獅虎為武士殺死；二千個武士喪命於猛獸爪牙、或同命人格鬥的刀下！

鬥獸場龐大高聳，每層八個大門，按古羅馬的社會階級，畫分進入所屬的區域和座位。可知，這個五萬多觀眾的場所，四通八達，經緯分明的布局，設計得十分理想。

武士和猛獸拼鬥的場所，設在正中心的一片空地上，四周有一道十五呎高的圍牆。一、二層坐著騎士、武士及公民，有圍牆和第三層的百姓隔開。正中的特別席，布置豪華舒適，是皇帝、后妃、大主教、女尼、市長等高級宮吏的座位。第四層專供觀眾的交誼活動。競技場有地下室，獅子老虎關在地下室的牢籠裡。號角齊鳴時，升降機載著獸籠升至閘門口，炮聲一響，籠門和閘門同時開啟，雄獅衝向武士，（或是俘虜、罪犯。）人獸搏鬥至慘烈時滿耳是台上觀眾的叫喊，雄獅的怒吼，武士的狂嘯；或者是獅傷的哀吼，罪犯的呼號……。當勝利的武士高舉雙手，向皇帝致敬時，貴婦、名媛，紛紛拋下手帕、披肩或飾物；全場觀眾更起立歡呼。如果帝王或主持者，將右手握拳伸出大拇指，向下抖動一下時，那得勝的英雄必然轉身，手起刀落，結束了失敗者的生命！

西元404年突然有一位神父，衝入場內，將兩個殺得難分難解的可憐蟲死命拉開，同時呼喊：「不要殺了！不要殺了！」正在興頭上的觀眾，一湧而上，竟將這神父活活打死了！此事發生後，這種泯滅人性的競技和鬥獸的活動，才被禁止。十一世紀時，教皇本篤Benedietus八世，宣布這個競技場為：「基督教徒殉教靈場」撥款修護，因此，才能夠保存到現在。

我們的遊覽車，曾在君士坦丁門和屠雷真勝利柱旁駛過。君士坦丁拱門Arcodis Constantiono 又叫凱旋門，位置在古鬥獸場的西側。這棟建築只有三道門，中間的門最為高大（高二十五公尺，寬十二點五公尺），拱門的前後面和門楣上、柱上、過道的牆上，都刻有紀念公元35年「密爾維奧戰役」勝利的浮雕。這位武功顯赫的君士坦丁大帝，曾頒布米蘭勒令The edict of Milan 准許人民信教自由，明令基督教是羅馬合法的宗教，這座拱門，也是巴黎「凱旋門」的設計藍本；換言之，也是世界上所有拱門的鼻祖了。

屠雷真勝利柱Column of Trajan一柱擎天，矗頂雲霄，是

西元113年慶祝屠雷真征服羅馬尼亞而建。整條大理石圓柱高有六百五十呎，分段浮雕了許多海戰大捷，及凱旋歸來的英勇人物，圖畫繞著圓柱旋轉而上，如果將它攤展開來，會有八百呎長，三呎十吋寬，以及二千五百個人圖，所有的將帥、士兵、船艦、馬匹……的布局、動態，刻畫得十分逼真生動，令人景仰崇敬。

不久，我們來到了西班牙廣場。

西班牙廣場Piazza Spain 在維吉尼廣場的西南方，我們看過的電影「羅馬假期」中的那座廣場，女主角奧黛麗赫本曾在那裏的花攤上買花，因此，這個地方也大大地出名了。廣場十分寬大，中央有噴泉，綠茵園地，拾級而登，經過七個十二級的台階，才能到達高聳雲際的「西班牙紀念碑」前，台階寬廣，而且種植了色彩繽紛的鮮花，引人入勝。整個建築風格是大理石的「巴洛克式」，是古今歐洲藝術家們，最喜歡的集會場所，濟慈、哥德、拜倫、斯湯達爾、巴爾扎克、安徒生等文壇巨子，都曾蒞臨斯地。廣場四周是繁榮的商業區，大馬路四通八達，西班牙大使館暨素享盛譽的「格列哥咖啡屋」都在附近。

羅馬廣場一片斷垣殘壁

坎比多里奧Campidoglio義大利文是「首都」的意思。這位於卡比特里諾丘陵上的遺蹟，又稱「羅馬廣場」。它曾經是古羅馬兩千年前的政治、宗教、禮俗、商業的中心。這個廢墟，當我們在刺目的陽光下，已不能辨認昔日面貌，但是，由米蓋朗基羅所設計的藍圖，以及四處遺留的斷垣殘壁，仍可臆想它往昔的偉大榮盛。你看：那許多寺廟、商店；成排的勝利柱，表彰著帝王、英雄們的功勛。羅馬皇帝杜密善跨馬的英姿，矗立在廣場中央。提比留凱旋門、賽弗拉絲凱旋門、提達司凱旋門，分立在主要入口，或重要地區。那些寺廟如：邱比特神廟，是羅馬的主神，是國運和全民的保護者。司美、司愛德維納斯女神廟、司婦女生育及婚姻的邱諾女神廟、司智慧的艾涅肯女神廟、及生命之火保護者的維斯坦女灶神廟等，或只留一柱，或賸下牆墩，或殘存階痕，或半壁危立，或成堆頹石……！

古羅馬式端極的男性中心社會，父權高於一切，操家人生殺之威；婦女毫無地位。然而，又出了好些才高識廣的婦女；神的世界中，婦女尤為活躍：凱撒廟裡，除了凱撒大帝之像外，還有埃及豔后克麗阿佩屈娜的雕像。

凱薩廟前的演說台，裝飾了奧古斯都大帝，和埃及豔后．安東尼二人幫作戰時的勝利品。艷后和安所乘戰艦的船首。多少羅馬歷史上的風雲人物如：龐培Pompey、加圖Cato、西賓羅Cicero、凱撒、安東尼、奧古斯都、提比留……都曾站在那講台上英姿煥發，雄辯滔滔。

總之，這廣大的廣墟：一階、一石、一瓦、一柱……都

有一篇史文、一頁史詩、一組樂章及一幅圖畫，都能引發遨遊觀光人士的讚美！

特里尼車站Stazione di Termini是義大利代表性的建築物之一，落成於1950年，全部採用玻璃和大理石的材料，造型獨特，寬廣的車站大廳無一根柱子。整座車站規模的宏大，設備的新穎，都堪稱歐洲第一；它是國際列車的起迄點之一，也是羅馬地下鐵的總站。電影名片「終站」裡，女主角瑪麗遠行，男主角約翰在月台吻別的羅馬中央車站，就是在這個特米尼車站拍攝的。

國立羅馬博物館Museo Mationale Romano 就在特米尼車站廣場的正對面，館址之旁，有戴奧克雷賈奴斯王的部分浴場廢墟。（可同時供二千人入浴，牆壁全部大理石拼鑲，彩色馬賽克地面，壁間有熱水管調節氣溫和水溫。有的房間的牆面，還有馬賽克拼貼的美女入浴圖；資料顯示的殘跡，出浴美女之豐潤柔媚真可和唐代尤物楊貴妃一較高低。）這座博物館建於1889年，收藏了許多古希臘和羅馬基督時代的雕刻（包括在巴爾戈蒙出土的公元前三世紀的作品「瀕死的戈爾人及其妻」。）和馬賽克作品，允為今日世界文化的寶庫。

維尼及廣場Piazza Venezia前，矗立著一棟巍峨雄偉的白色大理石的龐大建築物：愛默爾二世EmanueleII統一義大利的紀念堂。（1911完工。）環抱型的長廊中間，排列著十六根巨大的長石柱，長廊左右兩頭，各建一座兩頂兩巨柱的方堡，每座的後頂，各置一雙翼勝利女神，牽了四匹奔馳的銅塑像。紀念堂前的中央高台上，聳立著愛默爾二世的騎馬銅像。像座之下為無名英雄墓，墓之高牆有無數大理石的人物浮雕，在下面是前庭走道無數石級，兩旁有許多銅的、大理石的塑像。廣場道路的中央是碧綠的草地，正對著建念堂是一叢艷麗的大紅花，真正美極了。

奧黛麗赫本投下硬幣

托雷威噴泉Fontana di Trevi是尼可拉薩勒維的作品，完成於1762年，是羅馬城三千多個噴泉中最具代表性的一個。噴泉有巍峨瑰麗的石坊做背景，石坊全是大理石的石柱、拱門、窗座和雕像。噴泉的大池正中，一座龐大玲瓏的巨石上，有三個神像、兩匹神駒和許多獅頭的噴水口，這些石雕的神態逼真，巍岸和力的、美的顯示，令人嘆為觀止。泉水或自獅口吐水，或自巨石噴出和流出，水霧迷濛，水花飛濺或流水湍湍。池中的泉水清澈，噴泉落水的波皺下，數不盡的硬幣看得非常清楚；同行的太太、小姐，以及其他的仕女遊人們，正此起彼落地一一投下硬幣，默默地正在許下自己的心願。當年的電影名片「羅馬假期」的女主角，美麗的奧黛麗赫本，就曾因此獲得了如意的郎君啊！

萬神廟Panhteon的位置在那波拉廣場Piazza Navona附

近，落成於公元128年，主旨在膜拜奧林帕斯山上的諸神。萬神廟是羅馬座古老、最有代表性的神廟。它激發了米蓋朗基羅設計彼得大教堂圓屋頂的靈感；那翡冷翠主教堂，也以萬神廟為藍本。米蓋朗基羅譽之為：「天使之作」。約在西元前27～25年，羅馬執政官阿古立巴Agrippa建築此廟，祀奉萬神。哈德良Hadrian於西元120～130年間，又加建了圓形正殿，並予擴充，以後的幾位皇帝也續有增建裝修，工程幾達一百年。圓形正殿外，還有許多單位建築如：庭院、廣場、殿、堂、室、柱廊、亭、閣等。方形、長方形、滿圓、半圓形，有的相連，有的遙隔，全用彩色大理石及花崗石組合。

圓形正殿的藝術造型和設計，是藝術家構想中的帝國象徵；直徑和高度都是四十三點公尺；殿的形式，即宇宙形式。圓殿頂端為一個既高且大的渾圓球蓋，統御著全局。

神殿的偉大華麗，以及廣闊內部所形成的莊嚴氣氛，是羅馬建築的精髓。陽光自圓頂九公尺的天窗投照下來，所造的聖靈神秘，予人萬分的和平寧靜；更增益了世人虔誠的崇拜信仰。

羅馬還有一處「地下墳場」，給觀光客們參觀。

這座墳場好像一座花園。我們隨著絡繹不絕的觀光人潮，進入一棟古老天主教徒的修道院，瀏覽之餘，每人循序踏入地道窄門，步著石級而下，先到「地下禮拜廳」。此廳可容二三百人聽講佈道，也放置了一些神座雕像……。再循地道門拾級而走下，就是「地下墳場」了。地道黑暗，必須電燈照明，路窄燈昏，憑添恐怖！每隔幾步距離，兩邊的石壁上，各有三個墓穴，漆黑空洞，看不見什麼；忽然瞥見一顆白白的頭蓋骨，嚇得小姐們尖叫抖顫。據詹導遊說：這個「地下墳場」發現不到十年，共有五層，三十哩長……。當羅馬黑暗時期，基督徒們躲入「地下墳場」才能避免迫害。

羅馬城的商業大道有：維多利亞大道、肯杜提大道、波哥諾拿大道、法拉提拉大道、巴貝里尼大道和柯爾索街等。但是，羅馬的繁華熱鬧能和巴黎香舍麗廈齊名的馬路，就是約莫半公里長的維尼多大道。

凡是來到了羅馬的觀光旅客，維尼多大道是必去徘徊漫步，或採購、飲樂、歇憩的好地方。這裡有羅馬最著名的咖啡店、夜總會、百貨公司、旅館、旅行社、航空公司辦事處，以及美國大使館和美國新聞處。

夜色越濃，華燈越是璀璨，閃耀的霓虹更顯五彩繽紛；日間的各色花傘全部收起，視野更如意了；能看見的座位，幾無虛席。近處的樹葉飄搖，拂來幾許清風；座旁的鮮花奼紫嫣紅，在醉人的燈光之下，要和漂亮的小姐仕女一競高低。侍者穿著整齊，笑容可掬地穿梭座席間，遞送菸酒咖啡或食物。大道上的車輛少了，徐徐閒步的全是人潮一片。

聖潔之城梵蒂岡

梵蒂岡Vatican是天主教教廷所在地，人稱作「聖潔之城」或「光明之城」。它的位置在羅馬城西北的波米河右岸，占了一個半圓形的地區，面積只有一百零八點七英畝，四周有灰色的高大城牆。我們的遊覽車從羅馬市區駛入梵蒂岡停車處，只是咫尺之遠；說明白一點，梵蒂岡就在羅馬市區之內。

天主教是基督教中的一個宗派。十一世紀分裂為歐洲中部的羅馬正教區，和歐洲東部的希臘正教區。十六世紀時，羅馬正教又因為宗教改革，分為了基督新教和天主教兩派。換言之；原來的基督教，分為今日的天主教、基督教和希臘正教三大派。天主教徒全球的人數，據說有七億二千萬左右。

天主教的領袖是教宗，俗稱「教皇」，現在的二十二任教皇是若望保祿二世。（1978年十月二十三日登基）教廷組織和普通國家幾乎一樣的設有外交部、財政部、法院、天文台、廣播電台和報館等機構。世界各國也派出大使駐節，包括我國在內。

梵蒂岡的人口，只有一千居民，大部分是神父、修女和教廷工作人員。但是，近年來到這裡瞻仰遊覽的觀光客，竟超過兩百萬人了。

梵蒂岡的人民，好像不識侵略和戰爭，儘管第二次世界大戰中，義大利遭到盟軍激烈的轟炸，梵蒂岡始終沒有波及，絲毫未損。這裡的居民，不必向教廷納稅，住屋不必房租，水電都是免費供應。

梵蒂岡不但無土匪強盜，連狗偷鼠竊也不曾發現過，因此，當地監獄只好在一九五五年關門大吉了。

梵蒂岡居民均國籍以出生地來定，凡是梵蒂岡出生的，就是梵蒂岡的國民，享受一切的優待，但是，到了二十一歲還是遊手好閒，國籍便會遭到取消。這種現象，至今還未發生，梵蒂岡沒有失業的情形存在。

教廷的侍衛隊，自1950年以來，傳統由瑞士人擔任，而且訓練有素。另外還有保護教宗安全的衛皇隊，隊中衛士，人人精悍壯碩，威嚴英俊。

聖彼得大教堂令人景仰

聖彼得大教堂St, Pete Geat Church是世界上最大的天主教堂，是「文藝復興時期」的最重要的建築物，工程前後達一百二十年之久。堂一百五十公尺，內部寬大，直徑有五百公尺，可以容納十萬人。巍峨偉大的教堂就像藝術宮殿，磅礡堂皇的氣勢，令人無限景仰。

聖彼得大教堂矗立在寬六百五十呎的廣場上，兩邊伸出的臂廊，有八十八根大理石方柱，二百八十四根大圓柱，臂廊頂端裡外有兩面有短欄，裡面的欄杆柱上，分別站著一百四十二位殉難使徒的石雕像，姿勢神態，維妙維肖得令

人崇敬。

聖彼得大教堂正面的牆頂端列有耶穌十二門徒雕像：有的手執權杖、有的捧著十字架，聖彼得St. Peter握鎖，聖保羅St. Paulo握劍，精神抖擻，威儀儼然。

聖彼得大教堂的圓頂The Dome是米蓋朗基羅晚年的傑作。巨大的圓頂有許多大天窗，往上又是圓柱環繞的圓亭，亭上有圓形尖塔，塔尖頂著黃金球，球上豎立巨型十字架。當我們翹首瞻仰時，陽光普照，金球和十字架的耀眼光輝，一如耶穌聖靈的吸引我們，感化我們。導遊說：「大廳裡可乘電梯到達圓頂基層，再循旋轉石階拾級而上，可在天窗的小陽台瞭望宇宙，或俯視羅馬。圓亭中有梯上達金球，歷史上的文豪拜倫和歌德，以及音樂奇才莫札特等，都曾經走上金球親近天堂。」

聖彼得大教堂裡，有一道鑲銀的鑽石巨柱，和其它價格連城的鑽石，還有那聖壇上的十字架，也飾滿了鑽寶。大廳中一座聖彼得銅像的雙腳，幾世紀以來，為瞻仰禮拜的信徒用手撫摸，或親吻，保持著潤滑光亮。

聖彼得大教堂的正殿，高空巨大成「拉丁十字架」形，向四周輻射出去，分為五大區，附設許多神壇和神像的小殿堂。聖壇——彼得墳墓所在地，就設在「拉丁十字」的中心，上承米蓋朗基羅設計的圓頂，下達彼得的木窟。墓的周圍是雕花的雲母石欄杆。九十五盞長明金燈高懸聖壇前四根黑漆描金花的絞鍊形石柱間的火空中。正殿轉入內殿，那聖彼得的座椅，在凌空的彩雲中，以及光芒四射的金輪，和聖潔和平展翅飛翔的白鴿下，由幾位天使護持著，呈現在我們的瞻仰前。歷任的教宗就在此主持大典。有時，各國的外交使節也參加儀禮，因此，內殿設了幾排長倚，舖了大紅地毯。至於其他各堂，舖的是彩色大理石拼花地面，不設座位，教徒們一律站立禮拜。

斯篤西殿頂的煙囪，是選舉新教宗的信號台。選舉期間，如果升起的是黑煙，那表示新教宗的投票，還沒有得到多數票的決定。如果放出來的白煙，就表示新教宗已經產生，全世界的天主信徒，便可開始狂歡慶祝了。

附註：

歐洲是人類社會中，政治、經濟、文化、藝術、建築、宗教、科學……的最偉大，最豐富的寶庫；是我久久盼望遊歷的樂土；將來，我還希望再作第二、第三次的旅遊！

1985年七月六日至二十九日，我參加了大成旅行社主辦，中華航空公司及時報周刊贊助的：「八十五年詩畫歐洲之旅」。同行三十九人，乘華航七四七CI-061豪華客機西飛，中途在阿拉伯大公國的稍憩加油，次日越地中海，抵阿姆斯特丹，而後進入德境，經奧地利，歷遊科隆、法蘭克福、茵斯布魯克、慕尼黑、米蘭、維羅那、威尼斯、翡冷翠、羅

馬、比薩、熱那亞、白朗峰、日內瓦、巴黎、倫敦、牛津、劍橋、溫莎堡、哥本哈根、柏林、漢堡等九國二十餘城市。遊覽各地名勝古蹟的建築、雕刻、繪畫……那彼得大教堂、奧斯密爾鮮花中心、巴黎鐵塔、凱旋門、英國的西敏寺、以及柏林圍牆……也曾萊茵泛舟、北海渡輪，越過了阿爾卑斯山區，登上那白朗雪峰；漫步蕾夢湖畔，徘徊於丹麥美人魚之側，乘氣墊船橫溯多佛海峽，欣賞了麗都高水準的遊藝表演，也曾在那些通都大埠的百貨公司參觀採購……。

倫敦飛丹麥乘英航班機，北海到多佛海峽坐輪船去，其餘多包乘遊覽專車；萬里跋涉，翻山越嶺，穿過了許多隧道橋梁……，因為各國公路的設施優良，我們了無倦感；因為歐洲原野的蒼翠若洗，幾似仙境，我們更怡然陶然。因此，不揣卑陋，於吟詠之餘，再補述各地遊覽的一鱗半瓜，藉之消化炎炎溽暑，不亦快哉！

美麗的舊金山

今天正是「秋分」節日，憑艙瞭望窗外：有時是晴空萬里，蔚藍如洗；有時是浮雲朵朵，上下掠過；若登峰巒；若臨壑谷。杜甫云：「天上浮雲如白衣，須臾變換為蒼狗。」真的，我看到了層雲的無窮幻變，更添上那陽光的色染，雲霞竟是或藍，或白，淺灰的、金黃的，如蛋青，如火紅……景象萬千，目難暇接。心情至此，尤為曠達。

舊金山San Francisco又譯三籓市，是美國臨太平洋的重要商港之一；也是加尼福利亞州California的大城市之一，位置處薩克拉門圖谷地之西，因早年有很多人，湧到這地區來開採金礦而得名。整個城市建築在舊金山灣，狹長半島的西部尖端，西濱太平洋，東街舊金山礦。著名的跨海大橋有：金門大橋Golden Gatebridge；和東邊的海灣大橋Bay bridge。

金門大橋Golden Gatebridge，始建於1907年，設計工程是約瑟芬博士Dr. Joseph B. Stansand。橋長二千七百八十公尺，橋面最高處，離海水六十六公尺，橋為兩層，分別通行來往的汽車。橋面有人行道及六線車道，過橋費收美金一元；向北行駛車輛，是不用繳費的。這座宏偉壯麗的硃紅色鋼架大橋，有兩條長蟒似的巨型鋼纜，垂吊在碧波之上，在朝陽夕暉中，璀璨爭光；夜幕低垂的時候，橋燈和車燈，又如金龍

蜿蜒，令人嘆為觀止！

海灣大橋Bay bridge。長達八又四分之一哩，是金門橋的一倍半。鑿有隧道，穿過Yerba Buena島，銜接舊金山和奧克蘭市，也是雙層建築；上層為向東行車；下層是西向車道。港灣的碧波微漾，有數不盡的彩帆，和款式互異的遊艇往迎如梭，鷗鳥翱翔，陽光與波光閃耀，長橋臥波，翠嶺和大廈媲美，旖旎多姿，無遜於金門大橋。

舊金山市是一座丘陵城阜，依山傍海，面積約四十五平方哩，人口八十萬左右。市區街道，百分之九十是東南西北的直來直往，路面的起伏尤大，斜坡有高達六十度的！其中有一段坡路十分陡峭，因此，修築成扭曲的五個「S」字，形成十個彎道的「屈曲街」，更以磚石舖路，兩旁上下有許多美侖美奐的庭院別墅，紅牆白屋，綠蔭芳草；「S」之中，有匠心育成的美麗繡球花塢，點綴其間，如夢似幻！好多駕駛先生與女士，載了親朋好友，排隊等候，依序瀏覽欣賞；各色的小型汽車，緩慢地在萬紫千紅中，盤旋而下，的確是逸趣橫生。

舊金山的居民，多有自備汽車。（美國的汽車不貴，汽油價廉，而國民所得高至九千美元。）一般的大眾交通工具有巴士和電纜車。電纜車的式樣古舊，叮叮噹噹的招搖過市，引得遊人佇足觀望，也挑動遊子好奇興趣，購票上車，飽覽所過街衢的異國風光。

舊金山市很多單向街道One Way，主要大路裝置紅綠燈以外，所有街道只在路口，豎立著白漆寫著Stop的牌子，駕駛人無論上坡下坡，在到達Stop之前，一定緩緩控制油門，停了車子，看清左右兩邊沒有來車之後，才徐徐前進或轉彎，先到先駛，無人搶先！（美國各地區都是如此。）自制和禮讓，美國居民早已蔚成風氣。儘管上下班時候的車輛那麼多，大家依然有秩序地魚貫行駛，交通便少阻塞的現象了。

金門公園Golden gate park在舊金山市第十街的南端，占地好幾千英畝。長方形狀的自東而西，延伸至太平洋岸。園內或林木蔭森，或綠坡起伏；有遼闊池塘，有繽紛花圃，道路縱橫，導人入勝。我們台北市政府贈建的「金門亭」，綺麗高雅地矗立在池塘水之畔，虹橋花徑是最好的遊憩中心。

園內有一座Deyoung博物館，立體的透明櫥窗中，陳列著許多栩栩如生的，稀少珍貴的走獸飛禽的標本。還有上古人猿，各種生物，以及人類生活進化，各地種族的食用器皿；自原始至現代，應有盡有，十分豐富。

其他如日本茶園、寶塔、亞洲人藝術館、礦物館、花房、兒童遊樂場所……，你若想一一欣賞，玩個爽快，至少也要八天十天。公園的適當角落，建立著許多有名的建築家、科學家、文學家、音樂家，以及英雄偉人的銅像，供大家瞻仰。塑鑄的神形，維妙維肖。遊覽至此，更令人願見賢思齊了！

加州科學中心建在「金門公園」之內，設有摩里生天文館和史坦特水族館。水族館養了許許多多五彩花紋的熱帶魚，和稀少珍貴的魚蝦蟹類，你只能瞧見晶瑩透明的頭尾；那大的，有一二百公分的海豚和鯊魚。佇足欣賞玻璃大池裡的魚蝦或魚群，那魚兒載浮載沉，輕逸悠然，你也可能會有莊子之想！

加州大學University California及在八十號公路上的柏克萊Berkeley，人們直呼為：柏克萊大學，是一所著名的長春藤學府，校園廣大，一座高聳一百多呎的鐘樓，巍峨矗立雲表。全校學生一萬五千人，我們的留學生，據說有二百多人云云。

漁人碼頭，也是旅人必遊勝地。觀光玩樂的人們，可以購票遊港。循著岸邊慢慢行駛，經過水上公園、Yackt港埠、要塞、砲台、大教堂、金門大橋，穿越一小島，再繞過金門橋的巨大橋墩，返回起行原處。沿途有導遊先生或小姐，手持麥克風為您介紹風光掌故。低空翺翔的海鷗，有時，忽的鑽入波中啣魚而去；有時，會飛來啄食您掌上的麵包碎片。真是人間仙境，你也怡然陶然。

優山美地Yosemite是國家公園之一，自舊金山市駛車前往，約需五小時行程，山路儘管曲折，柏油可鋪的平整舒適，依峭壁，傍懸崖；山上叢叢蒼勁的松柏杉林；谷底是潺潺清澈的溪流。公園面積約一千二百方哩，座落在大溪谷的中心，四周環繞的多是奇峰絕崖。春天廣披新綠；夏日濃蔭清涼；深秋楓紅綴地；冬季瑞雪翻飛。每屆週末假日遊人如織，絡繹途中。這兒的瀑布很多，其中一座美麗雄偉，氣象萬千，享譽世界，位列全球第二的「優山美地大瀑布」就在公園的中央部分。瀑布自天際垂瀉，氣勢磅礡！因為天演變化，分成兩個瀑布湖。上瀑布的落差約四百三十公尺，壯觀急越。濺飛的水花，幻成薄霧，如有陽光映耀，虹彩可以為橋；下段瀑布，也有三百公尺，佳景如畫，可以媲美上段。遊人如果脫下鞋襪，伸腳踢水，清涼得令人出塵脫俗。

大美國公園Great America park的遊樂場，就在舊金山市的聖克拉Santa .daur地區，入口處的停車處，可以容納數千輛汽車。緩步瀏覽，首先映入您眼簾的是，一池澄清翠碧，映有浮雲的湖水；和一座宮殿式的跑馬廳，內部設了控制的玩具馬，馬兒起伏旋轉，天真活潑的兒童們，跨坐在馬背上的歡樂嘻笑聲，使他們（她）們的爸爸媽媽心花怒放了。

公園右邊又是一座圓型高塔，遊人可以乘電梯上去，倚窗觀望。全園景色和絡繹比肩的遊人，如詩如畫。

園中有一個電影院，每日從早到晚，繼續不斷地放映一部有關飛行的影片，巨型銀幕寬可九十一呎；高至七十呎，身歷聲的效果，尤其佳妙。當噴氣機在高空翻飛、轉彎、俯衝，甚至掠山而過時，您也恍若坐在艙內，驚險萬分！

園內還有三項非常刺激，而且有趣的娛樂設備：

一種是高空旋轉車：這種車座，每次載客二十四人，徐徐上駛，到達軌道頂點，立刻俯衝直下，更在空中翻滾兩圈，車道在上，人頭居下；你若膽怯，或有心臟病，千萬不要去坐！說時遲，那時快，車子又衝過了燈光閃爍「時光隧道」，又在淩空的軌道上疾馳，乘客尖叫之聲，不絕如縷，歷程只有兩分鐘。可是，一般乘客已經是臉色蒼白，心跳澎澎！

其次是雲霄飛車：飛車的軌道忽升、忽降，一會兒又垂直左轉，更有一段軌道，竟然和地面垂直鋪設，飛車傾倒馳駛；您若乘坐此車，您會怎樣呀！

第三種叫直上雲霄車：這是綜合了高空旋轉車，和雲霄飛車的驚險：列車在淩空的中途旋轉一圈，然後彷彿是垂直上昇，衝破雲霄；而後再極速垂直，俯衝地面，既驚且險，心跳血騰！

公園中還有好多好多的玩藝兒：碰碰車、老爺車、旋轉盤、空中飛車、空中纜車、空中飛船等等設施。另外一個地域多是電動小玩具，或是投圈兒，圈套各種動物，如果運好技高，你可以將一隻價值二三美元的玩具熊擁抱回去！

此外，紀念品商店、飲食商店……都刻意設計，招徠有術，出售商品，古今中外的都有，色澤形式也五花八門。應用之物，從鎖鑰鍊到高級裝飾品，以及男女衣服，家具用器；吃的嘛：爆米花、棉花糖、可樂、牛奶、果汁、冰淇淋、各色水果……，包括那漢堡和牛排的香味，準讓你食指大動，垂涎欲滴！

舊金山的住宅，多分區聚建，一排排，一棟棟地井然有序。有的地區，每一棟的房屋，油漆自己喜歡的顏色；或紅、或藍、或黃、或白……。近年來，比較傾向同一地區，同一色調了。家家戶戶的前庭後院，皆綠茵如氈，種植了秀樹和各色花卉。我們暫住同學家中，好像到了桃花源哩！

舊金山市的百貨商店、旅館、劇院、旅行社、捷運公司，多集中在商業街的聯合廣場一帶，高樓大廈，櫛比鱗次；顧客熙攘，繁榮可知；入夜之後，閃爍的霓虹燈，更多彩多姿，您在美國銀行的頂樓，俯視全市夜景，又恍惚在九天之上的瓊樓玉宇了。

舊金山市的華埠China town，以往叫唐人街，是美國境內華人聚集次多的地區。高大的牌坊，矗立在大街進口處，龍鳳宮燈形的路燈，兩旁開道，所有的招牌、店號和廣告，都是中文毛筆字；正楷的、顏皮柳骨；行草的，龍飛鳳舞。建築形象，完全是中國的傳統情調；塔層式、樓閣式、或宮殿式。街上餐館林立。有廣東的、江浙的、四川的……店面的裝潢、或富麗堂皇、或古色古香，家家食客如雲，門庭若市，你又幾乎回到了台北市的中華路了！

其他商店出售的布料、成衣、鞋襪、瓜皮帽、手工藝品、木刻雕塑、瓷陶銅器、字畫、刺繡、紹興酒、五加皮，

以及山產、海味……還有漢藥、草藥，中文書報和雜誌（包括當日出版的），無論是台灣製的、香港來的、和大陸產的，你都可以買到；價錢也很公道。你如果有興趣，就可以去看國片電影；去聽平劇或者是粵劇。

但是，你如果稍加注意，那街道之上，那遊憩的公共場所，竟是紙屑紛飛，污穢處處，不禁使你輕聲嘆息，臉紅耳熱！炎黃子孫啊！大漢同胞啊！我們自今日起，將這些細微的生活小節，立刻改變為清潔整齊吧！

本文刊於七十六年十一月份東方雜誌二十卷五期

尼加拉瀑布

離開水上樂園，循四〇一高速公路駛往尼加拉瀑布……。尼加拉瀑布Nagara Falls是世界七大奇景之一。我們抵達時間為十四日下午五時約莫。（此時此地八時三十多分天黑。）

瀑布區紅男綠女、老年人、小孩子，而以青壯年齡的遊人最多，熙熙攘攘；或在花圃陽傘下座椅談心、或去咖啡座餐廳慢飲淺酌，或傍堤比肩觀瀑：一處有一處的角度景觀；在人群中擦肩閃身地穿越行走，別有一番情趣！尼加拉地方人口約六萬六千人，但是每年觀光客總在一千三百萬人以上。

尼加拉瀑布位於美加兩國交界處，源流由伊利湖水經山羊島分隔為：美國瀑布和馬蹄瀑。美國瀑屬美境水牛城，瀑布落差約五十一公尺，寬三百二十三公尺，我與內子曾於1985年七月份前往旅遊。（美國瀑有另文報導）

加境尼加拉瀑布又名馬蹄瀑Horsehoess Falls，落差五十七公尺，寬為八百公尺，每分鐘的流量四千萬加侖；其勢如萬千飆龍奔馬；其聲似豪雨轟雷震耳！我們全身批著塑膠厚重雨衣，乘少女之霧號Maid of the Mist遊輪（全船約百人。）緩慢駛往瀑布下；起初遊輪平穩駛行，不久，稍覺左右搖擺，接著左右前後的晃蕩，越來越猛，我幾乎跌倒，只好馬步立穩，剎時，霧水轉為雨絲、雨點，或傾盆之水淋至

頭頂、全身；仰望眼前的銀瀑自碧空下墜，蔚為奇觀；起初斜陽映顯之彩虹，就在頭上，船前或船後……幻化之美，至今回味無窮。

晚間，瀑布區的巖石上，裝置著二十多架分為兩排的強光彩色燈，每隔幾分鐘變化顏色的映照瀑布和激起的瀑霧，那五彩繽紛的飛瀑奇景，你必然嘆為觀止。

次日凌晨五時約莫，我在隆隆的瀑布聲中，人們仍留睡鄉之際，我輕輕步離旅社，闃寂的街道上，店家的霓虹兀自閃爍，走了一箭之遙，一輛小別克Buck在眼前過駛，再行走百步，繞過一間別墅的園圃、台階、水池，穿過馬路到達瀑布區。

一望無垠的瀑布區、路燈在魚肚白雲下欲睜眼似地亮著，餐館、咖啡廳閉戶類似酣睡……，破曉迷離的光線下：一位仁兄斜躺座椅，對著「美國瀑」渾然睡得那麼熟甜；另一位先生蹲著身軀，在園區的鮮花畦邊，架著特寫相機潛心拍照！偌大的地區，只有我默默地眺望瀑布，深深地欣賞瀑布；我或吟哦李白「黃河之水天上來……」；朗誦蘇東坡「亂石崩雲，驚濤裂岸，捲起千堆雪……」之句，總覺得難能抒描「尼瀑」之音量、氣勢、體積、流量，以及幅度的形，色的神奇之變化。

晨八時至羊角島觀察瀑布上游的風光。穿過樹叢，看大尼加拉的河面儘管遼闊，河水只有幾處激流；略遠點的發電廠是那麼沉靜；腳邊岩石下的淺水十分清涼；換個方向，眺望那「尼瀑」下墜處的天際，竟是迷濛一片，轟隆之聲隱隱傳來……。

渥太華和千島

六月十二晚宿於渥太華。

渥太華Ottawa是加拿大的首都，位於聖羅倫斯河支流的渥太華南岸，航空方面有阿布蘭斯Upalnols國際機場；路上有九條鐵路在此匯合，公路也四通八達，以巴士和計程車為主，警察用無線電指揮交通，市民非但守法、且有公德修養，因此有「世界交通最安全的城市」的美譽，內河航線有渥太華河和里多河，皆設置遊輪、遊艇，供人們欣賞沿岸風光。里多河有一段十二公里長的人工運河，水量可以由人控制，水平似鏡，兩岸是翠綠平原，每季有各色的花卉綻放飄香，河上處處拱橋，橋下船艇悠遊：每年一至五月的鬱金香花季，兩岸二十四公里長的大道兩旁，萬紫千紅，令人陶醉！據導遊說：第二次世界大戰中，荷蘭女王為了遠避戰爭，曾來此長住，為了感謝此地，戰後贈送大量鬱金花種給渥太華居民……每屆花季兩岸的遊人猶如蜂蝶，競相來此度假或旅遊，紅男綠女，車水馬龍，真是一幅美麗畫圖！

我們先去參觀國會大廈。

國會大廈Parliament Bridings建於1859年，落成在1865年，由三座花崗石的巍峨大樓，氣勢磅礡，而且華麗的歌德式建築構成；中央有九十公尺高的和平塔，塔頂懸五十三口大鐘，節慶佳日，美妙嘹亮的鐘聲，飄揚遠播。三幢偉大建築若鼎足之勢；分設上議院、下議院，議員辦公處室和圖書館等單位；並且全部開放。我們循序進去參觀，國會人員引導說明，最令我訝異讚嘆處，就是圖書館；以書庫來說，面積約八九間教室之寬，高為兩倍多，不見牆壁，所有書架滿是書籍高及天花板，每隔兩丈又以書架分隔；上下左右注意瀏覽，疑至寶山書海；一層層、一架架任何角落都是藏書；男女工作人員約計四五十人；冷氣開放，電腦管理，燈光如晝，一切裝潢，古典高雅且精緻，看到如此情景，衷心欣賞，很想攝取相片幾幀，經詢問管理人員，他微笑告知：「此處婉拒拍照，尚請原諒。」

遊覽車經十六號公路，上四〇一高速大道，中午抵千島Thoilsandrd，這兒是安大略湖Ontaric lake 注入羅倫斯灣處，據云有十六公里的面積，那一片澄綠映漾或遠、或近的小島、小嶼，景色幽極、美極；我們乘豪華汽艇Rockpart Boat Line，遊覽一匝，經過「愛情島」，島上綠蔭處處，那M.Geuine C. Boldt 為愛妻所建的幾幢哥德式高樓BoldtCarthe，又吸引全船的相機和錄影機，更為之活潑興奮起來。

東京一瞥

遊覽車至山中湖之南，在轉四一三及二十號國道上中央自動車道，為避免入東京市的「塞車」，大家同意先去明治神宮及狄斯耐樂園。明治神宮在澀谷區中心，大正年間為祭祀明治天皇及昭憲皇后而建，落成於1920年，二次大戰為盟機炸毀，1958年重建。明治神宮占地九十九萬平方公尺；周邊為重重森林圍擁，分內苑和外苑兩部，內苑大門的大鳥居（牌坊）高十二公尺，柱之直徑一點二公尺，是日本最大的木造鳥居，大道滿舖白色石子，兩側種植銀杏，行走約一公里抵達本殿、拜殿和寶物殿。宮之南側種植八十八品種好幾千株菖蒲，每屆六月花季，那五顏六色的美麗菖蒲花，吸引了難以數計的觀光或禮拜的人們。

東京狄斯耐樂園為美國洛杉磯，及佛羅里達以外的唯一迪斯奈樂園。設於東京市東北十公里遠的千葉縣境，面積八十二點六頃，1984年開幕，分世界市集World Bagaar，探險樂園Adventure Land西部樂園West Land夢幻樂園Fantaasy Land及未來樂園Jomorrow Land五部分。憑票入園遊樂，（票價有六種），我們於午餐後進去，然後入仙履奇緣堡，小小世界舞台，乘船，搭開礦火車，坐空中纜車，看舞台表演等等，一直玩到華燈燦爛，我們才離開這人潮滾滾的樂園，住宿於東京王子大飯店。

二十一日在東京市皇居外苑，銀座……各處遊覽。

東京市雖然是今日世界的第二大都會，僅次於美國的紐約市；卻是日本（甚至說亞洲）國政治、經濟、文化和交通的中心。全市分新宿、銀座、池袋、上野、秋葉原、原宿、澀谷、赤坂、六本木、築地、日本橋、馬喰、橫山町、代代木、四谷、濱松町、淺草、有樂町、品川、新橋、千代田、大久保和北千住二十三個區，面積為二千四百一十平方公里。二十一日早餐後，遊覽車先駛日本皇居外環道路（這是東京的核心地區）瀏覽一周，在自目比谷公園步行到二重橋前。

二重橋是近皇宮的大門，平時不予開放，只在每年元月初二及四月二十九天皇誕辰那日，開門讓瞻仰的日本民眾走過此橋，作為拜壽儀式。我們在外苑公園遊憩，並以二重橋為背景攝影留念。離此轉往皇居廣場楠木正成像座前，然後步行數百公尺乘車遊覽東京鐵塔。

此時想到蘇曼殊所作之：「春雨樓台尺八簫，何時歸看浙江潮；芒鞋破缽無人識，踏過櫻花第幾橋」之句，吟詠再三，為之咨嗟同情……。

東京鐵塔位於東京車站南方的丘陵芝山上，落成於1958年十二月三十日，塔高三千三百三十公尺，比巴黎艾菲爾鐵塔還高出二十六公尺；但是，無論宏偉、寬大、材料、藝術

設計，仍差巴黎鐵塔太多太遠！我們乘電梯升至一百五十公尺高的瞭望台（沿著十六圓角後的落地玻璃大窗，設有二十多台巨型望遠鏡），眺望遠處的羽田和成田國際機場，以及白雲覆頂的富士山峰，藍色海水的東京灣；而車水馬龍的銀座，新宿街道以及市區的一般高樓大廈，全在你的視覺之下，類若小人國了。至於二百五十公尺的特別瞭望台上，裝置有東京七家電視公司的天線，FM電台天線、公共通訊天線及風速計、強震計，傾斜側定計、風向標、避雷針及航空指示等等許多設備。

銀座位於東京市中央，是最為繁華的區域，融合了現代文化與太和傳統之美；三百多年前德川幕府初興時，曾在此地鑄造銀幣，「銀座」之名因此流傳至今。1923年九月大地震後，舊式磚瓦房屋，幾乎全都改建新式大廈，有名的公司、百貨行或專賣店紛紛遷來，如今已一躍而成為全東京市，最繁華的購物中心及娛樂區了。

新宿區目前為年輕朋友們認為是更新的時髦特區，六條鐵路系統的火車及地下鐵，和地上各大街的車輛，行人；男女老幼各別膚色的人們，進進出出這兒的戲院，舞廳、酒吧、咖啡座、各行各業的商店、公司和行號。其中著名的三越和伊勢丹百貨公司，及紀伊國屋書店也在本區，我在這家書店買了幾冊圖書。

我們住在太陽王子大飯店的池袋，也是東京鬧區之一，太陽城大廈高二百四十高尺，有地上六十層，地下二層，觀光大飯店附設在內，所有設備完善，服務也很親切。西武和東武百貨公司都在本地區；東武較高的幾層，且有「白朗黛東寶」的美譽。

東京市人口有一千七百多萬，火車總站每日兩千多班列車開出，另一種時速二百一十公里的新幹線子彈火車，每列載客一千四百人，往返於東京、大阪和仙台之間。公路更四通八達；有高架多層、有高速道、有國道……，十分便捷。地下鐵有八條路線，每兩三分鐘就有一班車，而且收費低廉。計程車數量也多，分團體和個人兩種，車資甚為昂貴，但是很有禮貌，而且清潔、安全，離開東京的前一夜，晚餐之後，再去三越，松屋百貨公司及歌舞伎座兜了一圈；歌舞技座在晴海大道；這遐邇聞名的歌舞妓座開幕於1889年，目前的建築是1924年新完成的，規模和設備十分豪華，是觀光巨富必來之處。

五月二十二日十六時五十分，我們搭乘華航CI100班機離開東京羽田機場，兩小時後回到了自己的土地——桃園機場。

新加坡之行

中華民國七十四年十二月十九日（1985年），我和族侄錫郁，還有內政部參事邱宗凱君等四人，代表台灣省丘氏宗親會，前往泰國出席；丘氏宗親會祭祖大典，取道新加坡；返時經香港，（參加台北市正和旅行社主辦的新泰港十天旅遊。）於三十日下午五時回到台北市，將記事及觀感敘述如下：

十九日正午十二時許，我去錫郁辦事處（台銀台北總行三樓、台灣省府台北市辦事處。），一齊乘車去桃園國際機場與旅行團同仁們會合，乘華航SQ007班機十四時四十五分起飛，十七時零五分抵達新加坡，住濠景大飯店。

新加坡Singipore簡稱星洲，位於馬來半島南端，屬熱帶氣候，土地有新加坡島和五十多個小島嶼，總共才四十二平方公里，而且半數以上是無人居住。其北有柔佛海峽和馬來西亞相望，僅距三公里，有鐵、公路交通；南邊馬六甲海峽，可溝通印度洋和南中國海，是東南亞第一商港。新加坡曾是古馬來之首都，1377年為爪哇軍所毀；1819年之後多為英國勢力據點。1963年和馬來聯邦，沙勞越、沙巴共組馬來西亞聯邦。1965年與英吉利協議實行自治，成立新加坡共和國。人口約二百五十萬。同時以獅首魚身作標誌，人們又呼新加坡為獅子城。中央財政部的旅遊促進局的工作人員，可以分別用英語、華語、巫語、閩南語、廣東話、潮州話或客家話為您服務。我抵Apollo大飯店不久，即電話星洲書局游連洲君。游君來旅社迎我去寓所敘談並晤其妻，我謝謝他數年來為我家人郵轉函件，或匯兌接濟款項，而致送美金一百元及台灣名茶為禮。次日旅遊之餘，再去他開的星洲書店看了她的母親，妹妹（游淑蓮女士）；又去他弟弟登洲的印刷公司走了一趟；離境時，還麻煩他的妹妹駛車送至飛機場。

虎豹別墅是華僑胡文虎、胡文豹經商及製造萬金油、八卦丹等藥品的致富，投資興建的中國花園，位置巴西班孃山坡上。旅遊團同仁在入園的牌樓前合影留念，然後在導遊李元綱君說明陪同，遊覽一周；在胡太夫人墓碑前歇憩了一會兒。一般而言，園內樹木花草的種植尚可，然而所有的泥塑、石雕、或彩繪的如：十八層地獄、唐僧取經、武松殺嫂等，雖說是中國或東方民間故事，具有警示意味，教人為善；奈何繪製、雕塑的品質十分粗糙簡陋，說明文字也欠清新雅典：胡家後人似應為先祖改善為禱。

植物園在東陵區，占地八十五英畝，園中樹林處處，鮮花棚與路旁花卉，萬紫千紅，競相爭艷，值得一遊。

飛禽鳥園自市區乘遊覽車，約半小時到達，地處祖客鎮的斜坡丘巒間，占地五十英畝，滿園林蔭、溪壑，遊人可乘電車或步行山路小徑遊覽。園中鳥類有鸚鵡、鴛鴦、紅鶴、

天鵝、火雞、黃鶯、孔雀、鴕鳥、松雞、貓頭鷹、鸛……。或穀米之鳥，或肉食飛禽，品種類之多，一時也難盡敘。其中最為人樂道，引人入勝的是那類似自然的天網；它可以任由所有的鳥兒翺翔翩飛，不受拘束，和遊人們隨興所之，寵辱俱忘！這自然鳥園建在兩嶺之間的窪谷中，嶺巔張佈玻璃天網，平均高度為七十三呎，面積有兩英畝，古樹濃蔭，溪流蜿蜒，三四千隻的飛鳥，或棲息枝頭、溪石；或在天空上下翔舞、或在草坪碎步啄食。遠處盡頭的一座高峰，傾洩而下的人造瀑布，自一百公尺的巖崖上奔騰拋下，水霧迷漫、麗日映顯的彩虹，就在您的頭頂，乃邀同團的郎俊臣先生在瀑布之側，攝影留念。

花葩山座落甘榜峇魯村，距市區不及五里，遊覽車循逶迤公路而上至停車處，大家下車徐行欣賞，蒼松翠柏和風景樹，路旁花草，以及點綴在綠蔭裡的洋房別墅，令人神往；眺望右山麓是一片海洋，港灣內巨輪蠕動，桅檣往來；左山腰則高樓大廈，層層疊疊，頗有畫意。

伊莉莎白公園位於紅燈碼頭，檳榔和椰子的樹葉，拂來陣陣海風，圓型噴水池中的魚身獅頭的嘴裡噴出萬丈飛泉；人們可以在此閒坐談天，緩步吟詠；或划槳遊港，傍堤垂釣，讓那些鬧市塵囂，隨波風飄！

二十日晚膳之後，我們乘新加坡輪渡去皇家山公園內的「新加坡國家劇場」。它是利用堅固的巖壁洞穴，擴高開鑿為弘大而無柱劇場，完成於1963年，當時所花建築費為一百五十萬，劇場前有七彩噴泉，隨樂章的旋律；或大或小，或高或矮、或扭轉、或直射、或急驟、或紓緩地婆娑舞動，吸引住遊人的視趣、聽趣……。劇場舞台可以旋轉，佈景特多，觀眾座席隨坡度而設有三千四百二十一位，空地可容觀眾千餘人。今晚舉辦「耶誕」前的燭光音樂會，人人手持燭光，讚頌「哈利路亞」，美妙的歌聲琴韻，和著偶來幾陣海風細雨……，如今回憶，趣味盎然。

香港之旅

香港仔為香港西南沿海的漁村，那兒可能有八萬人，住在一萬三千艘古舊的小船上，人稱之為蜑戶或蜑民的水上人家，其中約兩萬人住的三千多艘船，是停泊在香港仔。這些蜑民類似海上吉普賽人，生活窮苦，只做一些修補魚網或少許魚蝦的買賣……。蜑民故事傳說甚多，總是有待社會福利政策改善的一群啊！

淺水灣是香港南岸的美麗風景區，有長約一公里的沙灘；深得愛泳男女喜歡之處；自東徂西以春坎角丘巒作屏障，終年風浪不大，大部分時間更水平如鏡。沿海岸的防風茂密樹林，多植巨大鳳凰木，五月花季時，火焰似的朱紅花蓋，襯之綠葉迎風；白雲藍天與鷺濤鷗浪，以及漁帆片片，愛侶泳游，或憩臥彩傘之下的圖畫，真令人神馳。

晚餐在香港仔水上人家中間，有幾家富麗堂皇霓虹彩燈燦爛輝煌的水上飯店，選訂好的金龍島潮州酒家設宴。整個大廳或有四五十桌男女嘉客，在樂隊歌唱中，低斟淺酌，敘談歡笑；有雅趣的客人，可以在伴奏之下上台高歌，而獲得滿場掌聲。爾後，我們乘遊覽車上到「太平山」（又稱扯旗山）的東山眺望亭，欣賞香港九龍的夜景；此刻是二十時又五分，山崖幽靜，黝夜的微風中，我們指著港九海上往來的輪船，紅勘火車站高架多層幾河道上的奔馳車輛，啟德機場的光亮如晝還在起降的飛機，筲箕灣與香港仔的漁火，以及尖沙嘴、天生碼頭、維多利亞港、軒尼詩道、皇后大道、彌敦道……那數不盡的華廈高樓，和縱橫街衢上的電燈、霓虹燈光，真是火龍飛蛇，繁星耀眼，金樹銀花的花花世界；人們讚美香港為英國皇冠上最輝煌的寶石——東方之珠，一點也不誇大！

二十九日往遊海洋公園，這娛樂兼寓教育的場所在香港仔的黃竹坑，占地一百七十畝。參觀門票每人十五元，包括乘纜車及欣賞各項表演節目。入門是花園、池苑、兒童嬉樂及觸撫動物區，我們乘纜車上山頂公園。纜車為巡迴方式系統，全長一點四公里，計二百五十個車廂，每廂置有六人坐位；車廂採用不鏽鋼，和特種壓克力玻璃製造，壓克力塑膠靠背椅，略呈橢圓形，外觀的頂和底有的用紅色，有的藍色，一來一往十分美觀；觀光熱季中每小時可載運乘客五百人，目前為淡季，我和錫郁、宗凱三人合坐一廂，憑虛御空，苒苒而行，俯瞰腳底下的海灣碧波，以及激起白浪前進的船隻；偶而旁邊飛過的鷗鳥……又和郁、凱談談笑笑；一會兒就到達纜車終站。大家先去海洋劇場看海豚、海豹的表演。

海洋劇場的看台有三千五百觀眾座位，節目在音樂旋律中演出；男女倆訓練員先指揮海豚在水中游泳、翻滾、躍

出水波；最先出來一隻，稍後又來一隻，接著又來兩三隻，一一跳出水面觸球，球兒此起彼落，海豚或躍或潛；轉見那兩位男女演員，分別騎在海豚背上，自浪中冒了出來，一剎那站立豚背，作出各式姿勢逗趣，引起掌聲如雷，然後偕海豚同時致敬謝幕、潛入水底。海豹的表演多在水邊平台上，起先也是一隻，然後增加五六隻，在訓練員使喚下或坐、或立、倒走、躍跳、坐之椅上、舉鰭敬禮、頂球、耍球、傳球以及投球入籃、操練兵操……十分有趣。

芭達雅遊樂

遊覽車駛抵芭達雅，我們住入花園皇宮大飯店。

芭達雅Battaya是曼谷附近的開發的遊樂區，已有幾十家高大新穎大旅社、大飯店、酒樓、舞廳、夜總會、酒吧、咖啡廳、百貨公司、銀行……。花園皇宮大飯店巍峨富麗，所有設備應有盡有，應屬四星以上等級；飯店後園花木扶疏，附設游泳池、露天亭榭和數百咖啡茶座，可以眺望對岸風光，或欣賞湄南河上的輪船與漁舟……。

晚餐後，大家去看「紗的秀舞」、Tffang's show，它的宣傳文字The Original stite Cabaret人們說是人妖；男性兒乳房高聳、鶯聲燕語、妖裡妖氣的穿金戴銀、或輕紗薄羅，紅兜半裸，在如醉如痴的掌聲中，驚鴻一瞥的曼舞全裸，此時全場漆黑，左右上下或舞台對方的彩色燈光，隨著音樂變換，投射著人妖們的輕歌曼舞……。此外尚有歌唱、魔術的演出，每晚兩場，每場一小時又三十分鐘，多在十九時開始至二十時半為止。

二十四日上午，我們乘船去珊瑚島，汽船底層裝置玻璃窗戶，乘客可以飽覽海底珊瑚生態、或游來游去的各種魚兒……。珊瑚島的沙灘上，玩樂的男女有的在花傘旁曬太陽、有的在海水中載浮載沉，有的騎了水上電單車、飛駛來

去，有的乘船操槳；我也興致勃勃去玩「空中飛人」；脫了鞋襪，捲起褲管，工作人員為我穿戴好救生裝備之後，我手抓穩降落傘的繩索；此際海上的快艇開動了，我跟著領飛員快步奔馳，一剎那躍起騰空，汽艇越快，我飛得也越高；憑虛御風，我在藍天白雲空中，如鳥如仙；俯視腳下的海水，浮光耀金，一艘彩帆，隨波搖盪……。著墨至此，仍覺樂也融融。

午餐晝寢之餘，我和三五團友特至海水淺處游泳，海風微拂，海波微颺，三艘舊式棚船在右前方停碇搖盪，我載浮載沉的游了二三丈之遠，又游回一丈多處，或佇足四方瀏覽，或潛水游行幾步，當起立之際，滑水的人兒左手拉縴，高揚右手，拖著飛艇濺起的白沫水道，吆喝長歌而過，雙膝以下的白浪鼓湧飛濺，久久而沒。游泳完了，漫步在潔淨晶瑩的金色沙灘上，真正寵辱俱忘。

二十五日星期三，氣候一樣地美好。大夥兒乘遊覽車去東芭樂園，欣賞大象表演。一二隻，或十多隻，循節目陸續演出；或跪，或坐，或金雞獨立，或兜圈打轉，取物，搬運，踢球……。我和宗凱兄同坐在一巨像背上的紅木椅中，座前有馴象小童，循著道路緩緩而行，這批大象經驗老練，嘴前左右兩隻乳白色既長且大的巨牙，稍彎露出的部分，也有我手臂一般長！牠兩耳偶動，長鼻不時高高捲起，或前後伸縮，一步一步那樣安詳地載著我們，我坐在離地丈餘的巨象背頂，揚起左手和同行團友笑聲招呼……。這會兒，看著照片寫記敘，衷心十分愉悅。

不久，我們來到萬獸之王「虎」的場所，其中一棟別緻舍間，大紅柱梁而且放置著適當的花樹盆景，室內鋪設既厚且大而長的地板，廣寬有五丈見方；門前也有幾位人士等候著；啊！此間有馴虎可與觀光客人合影。

我買了票券，約等候半個多小時，循序來到房舍中堂，馴獸師身前立著一頭長約六尺，毛呈黃褐和黑白波紋的白額金睛猛虎；馴獸師微笑示意歡迎，右手撫摸猛虎頭頂絨毛，大虫就勢蹲臥於地板之上，也柔順地類似迎迓。說也奇異，此刻我毫不害怕，（幼年聽大人講老虎吃人時，會到躲媽媽的懷裡去……。）很快的走到馴獸師之側，馴獸師再次摸摸大虫額頂之後離開，讓我和這隻威猛卻和善的「西伯利亞」大虫，留下了一幀極珍貴的鏡頭。

泰國丘氏宗親會祭祖大典追敘

七四年十二月二十二日星期天，湄南河的和風吹葭；曼谷市的麗日浴佛。上午八時許，宗親會派志敏世兄乘專車迎接我們，（世界丘氏宗親總會常務理事邱錦春先生、監事邱宗凱先生、顧問邱錫郁先生及本人。）前往泰國丘氏大宗祠，參加泰國丘氏宗親會成立二十五周年的祭祖大典。

泰國丘氏大宗祠位於泰京曼谷柏南四路菓南泰四角三七九九號，面積占地兩萊半。（一萊等於我國一千六百平方公尺。）是一座堂皇壯麗，古色古香，可以代表我中華丘氏飲水思源，慎終追遠，克俊明德，綿延種族與文化的恭肅偉大的建築。

琉璃碧瓦紅簷白牆的崇碩宗祠的正門，嚴鑿紅底黃金「丘氏大宗祠」五字，正門左右也縷紅漆金字的楹聯：

祖德溯營丘胙土分茅承奕業；
宗功展邦族寶鼎陰符播遠馨。

左聯左側雕彩兩位龍節玉笏的「福祿」巨大官圖；右聯右側相應塑畫兩位紫金毫雅的「壽喜」大幅貴像。左右堂廡的兩座雙扉的紅門上面，一冠「源遠」之詞；一書「流長」

之句，字大雄勁，令人肅穆景然。祠前台階立有雌雄二獅的花崗石像。宗祠的左右花圃，築有花石護欄，前後寬大的廣場和庭院，植有巍峨蒼鬱的翠柏蒼松，以及高大茂盛的垂鬚榕樹。

專車到達之時，柏南四路的大街上，已經是人山人海，萬頭鑽動。宗長主人們熱忱迎接，導入貴賓室奉茶敘情。

禮堂正廳崇高偉大，敬設歷代祖宗神位，數十巨燭的光輝燦爛，排列十餘案桌，舖陳精緻的鮮花果品和三牲祭禮。主祭、陪祭位置前放著彩緞圓墊，往來行道鋪了大紅繡花地氈。司儀暨贊禮等服務人員，儀容整肅，無論男女，一律配結領帶，穿著純白的翻領禮服。

十一時正，禮炮聲響，鐘鼓齊鳴，禮生唱贊、引導，主祭為泰國宗親會理事長邱平遠先生，披戴大紅彩帶率領陪祭，（陪祭四人：本團邱錦春常務理事和顧問邱錫郁榮列席內。）與祭百人就位。（世界宗親會監世宗凱先生及本人忝為與祭。）堂廡廊道及大門外的廣場上，昂首顛腳的觀禮群眾，數以千計。那笙管絲竹，以及嗩吶、鑼鼓板樂的旋律，隨著祭儀演奏。

祭儀秩序如下：(一)序立，(二)參神，(三)神降，(四)盥洗，(五)焚香，(六)跪、酹酒，(七)進饌，(八)行初獻禮、奠酒，(九)讀祝，(十)行亞獻禮、奉饌，(十一)行終獻禮、侑食，(十二)焚祝文。主祭引退；陪祭四人循序一一行禮如儀，

然後再由主祭領導上香送主。至此，祭祖大典全部禮成，前後足足兩個時辰。真是隆重莊嚴，啟迪彌深；念列祖列宗的懿德景行；懍晚生子孫的孝道責任，唯有砥礪奮發，安家報國，才能仰符祖宗厚望於萬一。

十八時，夕陽仍眷戀著湄南河的旖旎華燈已閃爍萬戶千門。丘氏大宗祠的廣場的高台上，進行著「泰國丘氏宗親會成立二十五周年紀念大會」的儀式；首由丘平遠理事長致詞，接著敦請泰國宗教廳長乃盟空是派汪先生，永遠名譽理事長細見宗親，世界丘氏宗親總會及新加坡丘氏公會代表等分別致詞之餘，（世界宗親會總會常務理事邱錦春代表總會致送禮金新台幣二萬元。）先頒發有關宗親會勞績、社教、暨支援當局福利、救災等工作，獻心、獻力、獻金的有功人員的獎匾獎狀。然後，再頒發宗親子女獎學金。

十九時，宗親大會筵開二百三十席，男女老幼的宗親們，招待著遠近蒞臨的中外嘉賓，地方人士，在弦管歌舞娛樂中；在將滿的皎潔明月下：一面觥籌交錯；一面搖獎助興，歡愉之情，大眾至席散始笑談而歸。

詩詞篇

旅美返台

洛市台灣兩日間，乘風越過海城山

親朋問我觀光事，笑語白宮去與還。

余偕內子於九月廿三日飛舊金山，轉達拉西之阿靈頓。邇後往遊紐約、華盛頓白宮、國會大廈……暨尼加拉瓜瀑布區、大西洋城、胡佛水垻、大峽谷、拉斯維加、洛杉磯等風景名勝，歷經卅七州，於十一月廿五日，個人先行飛返台灣，吟此以誌。

歐遊十四吟

七十四年七月六日，我參加「詩畫歐洲之旅」，經杜拜，歷遊荷、德、義、奧、法、英瑞及丹麥等國……各地之文化藝術、風土人情之特色，印象至深，因此先行吟詠以誌：

（一）飛越杜拜

七月廿一時半起飛，在大公國杜拜市加油，逗留一小時又卅分。

華航萬里御天風，杜拜星雲映碧空；
漫渺地中海上過，明朝小憩賞花紅。

註：詩畫歐洲旅遊團由大成旅行主辦，共卅九人，九位十七日返台；兩在英離團，六人自英轉飛西班牙，廿七日歸隊，我與其餘廿位同好暢遊丹麥、西柏林……等地，於七月廿九日乘華航C-062返抵中正機場。（另兩人以護照失竊先返。）

（二）詠荷蘭

七月七日午後飛達荷京，異國風光璀璨，瀏覽之後，精神十分舒爽。

詩畫歐洲逸興觀，繁花似錦看荷蘭；
風車造陸天人一，更鬱金香粉湧漫。

註：荷蘭土地三萬四千方公里，全為低平窪地，運河縱橫密布，疏導海潮，總長三千多公里。阿姆斯特丹、海牙、市街整潔華美，風光優麗，鮮花市場奧斯密爾，參觀之餘，印象極深。

（三）萊茵河之遊

七月九日乘遊輪泛遊於萊茵，水鳥偕白雲齊飛，葡萄共碧波一色。

美麗煙波洛麗萊，翠隄古堡與垠垓；
雲端隱約移蓮步，一曲情歌幾徘徊！

註：萊茵河源自瑞士，長二千多公里，流經德、法兩國，洛麗萊一段景色尤佳，仙女舟子之傳奇，導人神往。

（四）無題一

名城翡冷翠，水埠威尼斯；
比薩斜鐘塔，羅馬聖主基。

（五）無題二

幸運之神漢墨士，達文米蓋繪真知；
科隆大教堂全貌，造極登峰百世儀。

（六）無題三

七月十六日至白朗峰，因雨未乘纜車登峰頂。夜漫步於蕾夢湖畔，幾疑仙境。參觀紅十字總會，創始人杜南先生尤令人敬仰也。

白朗天峰睨世雄，名湖蕾夢羨飛鴻；
杜南曠世崇人道，博愛精神媲彩虹。

（七）無題四

巍峨彼得教堂前，壯麗廣場許願泉；
禮拜耶穌懷古聖，流連瞻仰記諸戕。

（八）巴黎懷古之一

七月十七日遊巴黎二日，然後乘水翼飛輪渡英吉利海峽，在巴黎曾欣賞「麗都」歌舞……。

閒情逸致咖啡座，白露楓丹紅磨坊；
傾聆凱旋門往事，艾菲爾塔賦詞章。

（九）巴黎懷古之二

巴黎聖母院，寶庫羅浮宮；
神靈與藝事，百世仰天功。

（十）英倫之旅

七月十九日抵英首都，參觀西敏寺，登加冕殿堂，遊溫莎古堡，看御林軍，流連牛津、劍橋大學城區……。

西敏寺馳名世界，溫莎堡譽滿全球；
劍橋約克牛津夢，沉浸流連詩畫遊。

註：西敏寺長五百一十一呎六吋，中殿高一百零二呎，加冕寶座建於1230年，牛津劍橋二校，學院至多至廣，我等僅遊ging's 等三、四院……。

（十一）美人魚雕像

海濱憩一美人魚，秀髮臨風勝玉藻；

靜看千帆隨浪去，人間天上兩相宜。

註：七月廿三日觀光哥本哈根市區，克麗絲汀皇宮及美人魚雕像等，美人魚雕像乃丹麥國寶，韻事美妙，予人遐想……。

（十二）柏林行

東西兩德劃柏林，關卡重重北海輪；

鴻界分由布蘭堡，秦民堪嘆自當珍。

註：假道東德人入西柏林，關卡森嚴耗時，乘北海輪渡，雖海鷗翻飛，疑似翼重，上布蘭登堡，瞭望東德，允宜警惕自珍！

（十三）漢堡印象

繁華漢堡全歐傲，內外湖風景漪妮；

工商大港花世界，金迷科技半生癡！

（十四）歐遊歸來吟

七月廿九日旅程圓滿，意興至懽，更願校他人之長，益自我之智；低斟淺酌，勉之行之。

詩畫歐洲之旅遊，古蹟今文勝五洲；
華航七四七來往，淺酌羊羔意興酬。

敬為泰國丘氏宗親總會題詞

七十四年十二月，我得參加泰國丘氏宗親總會成立二十五週年之便，於十九日偕宗親多人飛新加坡，二十一日至曼谷，二十八日經香港，三十日返台北，遊覽之餘，綴句紀念，爾後得暇，再寫回憶之記事。

淵源營丘，曼谷輝昌；

開來繼往，族德綿長。

總會廿五年慶祝大會，在宏偉莊嚴之總祠內，參酌古制進行，到泰國宗教廳長，各地宗親代表團約數千人，禮樂喜炮齊鳴，燭光輝煌，香煙嬝繞，在現任理事長丘平遠宗親領導下，循禮致祭；另有晚會、致詞、頒獎後，開筵二百桌，盛況空前……。

永遇樂

中華民國七十五年光輝十月之五日，祭祖與宗親會後，聚敘頻頻。「十一」宗凱與瓊敬為泰國平遠宗親奉樽，敦請理事長仕榮、錫郁、錦春、創城、德春、秀強、仕典諸宗親作陪，讌於台北之「醉紅樓」，兕觥晉酒前，填「永遇樂」之詞，藉博一粲。

千古山河，思宗念遠，爾我今聚。

營丘河南，奉諸聖德，總憶太公譜。

朝陽茂樹，「醉紅」箸舉，人道霓裳歌舞。

話去年，祭祖曼谷，紫標千乘先覩。

遷徙寧化，傳杭入粵，飄棹台灣拓土。

交錯觥籌，一德同心，

光大神祠社鼓。

宗親好，鄉邦海外，族擎天宇。

新加坡印象

新加坡於1965年脫離馬來聯邦，為獨立自主之共和國，面積六百餘平方公里，人口二百三十萬，商業經濟與遊旅事業之發展，直追香港，令人十分欣羨。

叻埠繁榮意興觀，飛禽虎豹晚晴園；
魚身獅首之靈獸，迎送千帆五彩旛。

曼谷之遊

泰國原名暹羅，以佛教為信仰中心，男人必須出家當一次和尚。全國有佛寺一萬八千所，以「玉佛寺」最著名。湄南河橫貫泰國中部，曼谷又有「東方威尼斯」之雅號……。

玉佛香煙嫋繞朧，巍峨壯麗泰王宮；

湄南水上船家女，一曲清歌欸欸風。

香港行

香港於光緒二十一年之「南京條約」中，割讓於英國，面積為一千零三十二平方公里，人口約五百萬，為工商鼎盛之自由港，向有「東方明珠」之稱……。

彌敦德輔半山上，燦爛華燈玉露漿；
罌粟花香蟄戶淚，何時額首話堯唐。

蝶戀花

客裡鄉思飴如水，似水相思，甜帶辛酸味！
回憶豫章藍稔事；閩侯琬液古田轡。
眺望陽明浮翡翠。海峽睽違，晤敘有期矣。
轉見華燈燈吐穗，佳釀淺酌調弦位。

探親開放之後，故里掃墓，桑梓訪戴之情，與時俱增。詹樹華、游廣順、鄒其文返鄉歸來，袖交家人親友書函，持讀之餘，感念泉湧。諸如：曹田兒趣，南昌舊夢，龍岩永安之硯樂，福州古田之駿馬笙簫，以及藍稔弦歌之往事，一一顯映，因此握管填詞誌之如上。

醉太平

蒙特利爾，魁北克市。

電視聲光科技。詠羅倫斯水。

渥太華芷，鬱金香美。

多倫多安大略。萬紫千紅紀。

註：1991年六月十一至十五日，旅遊加拿大之蒙特利爾、魁北克、渥太華、多倫多，安大略水上樂園、千島及尼加拉瀑布。

如夢令

赤間秋芳瀨戶，雲淡風輕波薄。

大阪城巍峨，金閣輝煌鶴舞。

來睹，來睹，銀座東京皇宇。

註：1991年五月十六至廿二日旅遊日本福岡、馬關、夜航瀨戶內海，至大阪、轉京都，經名古屋、宿濱名湖，繞富士山麓，欣賞白系瀑布，逛迪斯耐樂園，皇居外苑，二重橋，銀座，上東京鐵塔……仍乘華航回桃園機場。

遊覽尼加拉瀑布

遊輪晃盪，越來越猛，只好馬步立穩。

雨絲，雨點，傾盆之水淋頭頂。

銀瀑碧空下墜；我在彩虹圈內。

驚濤裂岸、黃河之水天上來，

難與「尼瀑」媲美。

註：馬蹄瀑落差五十七公尺，寬八百公尺，每分鐘流量
四千萬加侖。

慧明教授惠我「夔門」水彩巨構有感

三峽奇峰秀，夔門天下雄；

長江千萬里，海外數歸鴻。

癸酉（八二）初二晨吟句如上。

註：（1）國立師大教授羅慧明繪「夔門」巨構三幅：一幅為台北市立美術館典藏。一幅為台北市某畫廊收購。一幅餽贈於余。

（2）三幅取景構圖完全相同。只有「遊輪」位置差異。圖中雲霞、山峰、江水與遊輪之揮毫；形象、精神、色彩以及筆觸靈動之詮釋，允為藝壇珍品。

東歐之旅三韻

一、白露週前傍月飛，東歐之旅素心兮。
多瑙河曲浣玫瑰，布達佩斯小巴黎。
地鐵百年民便利，平原萬里物與齊。
李斯特譜交響樂，幻想成真不世迷。

二、維也納祥和中立，文藝工商世可師。
音樂舞歌旋律美，多芬札特與勞斯。
薩爾斯堡添靈秀，馬校名駒術亦奇。
哈布皇宮留青史，史芬教堂鳳來儀。

三、觀賞鹽坑和冰洞，欣遊真善美芳菁。
珍珠首府布拉格，宮殿教堂俱著名。
羅馬歌德巴洛克，輝煌建築眼光明。
水晶啤酒伏地瓦，樂曲名都夢再行。

註：一、白露前之九月一日，我參加「加利利」、「匈奧捷」帝國哈布斯堡王朝之旅。同行有嘉義市長張博雅率「文化參觀團」及台北、台南、宜蘭縣市籍者共三十二人；九月十二日，仍經香港返桃園機場。

二、多瑙河是歐洲第二大河，源出德國，流經奧匈，注入黑海長一千七百五十哩，歐戰後，全河開放。布達佩斯是匈牙利首都有「玫瑰城」美譽，跨多瑙河兩岸之「布達」和「佩斯」兩市，極多鐵橋聯絡，甚是繁榮。

三、布達佩斯之地下鐵，係1874年舖設，由Vorosmarty廣場經共利街道，市立公園至墨西哥街：四通八達。票價極低且與公車、電車通用十分便民。全市幾乎不見腳踏車、摩托車。有「小巴黎」之譽。

四、李斯特匈牙利人，為交響詩創始者，譜「匈牙利狂想曲」等名曲二十首。「藍色多瑙河」圓舞曲是史特勞斯（小約翰）所著。首場演出於維也納，時為1867年二月，旋律優美，享譽至今。

五、維也納奧國首都，享有「世界音樂之都」美譽，也是世界永久和平之共和國。其森林、河運、景色如畫，建築宏麗。工商鼎盛，多瑙河繞過市區，歌舞幾似國民天賦，「維也納兒童合唱團」成立於1498年有五百年歷史，巡迴各國，享譽全球。

六、十八世紀後，莫札特、貝多芬、舒伯特、蕭邦、李斯特、約翰史特勞斯等音樂家，都作曲、演奏於此。

七、薩爾斯堡又稱「主教之城」，是莫札特誕生地。教堂、皇宮、噴泉、廣場、市區、馬車與林園、湖泊、岡巒之美，為聯合國審定之「觀光名區」。維也納馬術學校，有純種「利比薩」Lipizzn駿馬，高大、智慧、識音樂、會走華爾滋舞步，並接受其他技術教育。

八、哈布斯皇宮係十六、十七、十八世紀新舊王宮構成，有文藝復興與巴洛克式二千六百多個房廳，富麗堂皇、收藏豐富。聖史蒂芬大教堂，位於市郊，建於十二世紀，有一百三十七公尺高的哥德式尖塔，與馬賽克屋頂，享譽世界。

九、鹽坑「薩瑪茲」岩鹽礦有四處。我們參觀了叢之間的「BAD ISCHL」礦，七、八十人，分坐單排木長凳（每凳約十至十二人），緊靠身軀之「電動槓車」，深入鹽坑參觀其設備，至為刺激。

冰洞（DACHSTEIN HOHLEN）在OBERTRAUN群山一千四百公尺之間，需乘纜車前往，萬載冰洞：各區之景觀，嘆為觀止。走道間，溫度低至攝氏零下十度。「薩瑪茲」風景區之群山蒼翠，碧草如茵，湖水澄清，天鵝游泳、電影「真善美」外景多拍攝於此。

十、布拉格是捷克首都有「珍珠城」美譽，為中歐古老都市之一，VLTAVA河穿過。

十一、市中心多「羅馬式」、「哥德式」、「文藝復興式」及「巴洛克式」建築，素有「建築博物館之都」美譽。

十二、伏地瓦VLTAVA河穿流市區；有CLAVSKE廣場、聖MIKULASE、聖KAPLE、聖VITA、聖jiri，Lortta，hov等教堂Valdste jnsky， Belveder Konopiste， Karlsiej堡和音樂院、歌劇院、博物館、美術館、圖書館等甚多，各型建築皆富麗堂皇，而水晶啤酒也享譽世界。

參觀北京大學　八六、九、三十

古木釁本冠亞東，百年教澤紹儒風；
通時立本安危繫，仰止門牆萬代崇。

註：北京大學創辦於光緒二十四年（1898），至今年五月係壹佰周年校慶。宗人丘維聲與內子學妹吳瓊媚夫婦，皆任該校教授，因往會晤參觀。

秋遊長城

河山壯麗羨長城，七大奇觀舉世崇；
今日烽煙埋骨處，遊人絡繹笑秋風。

註：長城，始築於戰國時，燕趙秦之禦胡人，歷西漢、魏、晉、北周、隋、唐、宋、明各朝，迭有興築……。西起嘉峪關，東迄山海關，全長五千餘里，人多稱：「萬里長城」。

小住Cuijk吟

小住Cuijk三禮拜，風清雲淡自悠閒；

絲油畫展田園趣，海外金秋潤酢顏。

註：長女丘彥明偕婿，寄籍荷蘭Cuijk市，租市地種菜、蒔花，藉為休閒。1997年八月至八卅一日應該市「文藝中心」之邀，舉辦「絲畫、油畫個人展」，余夫婦飛往加油勗勉。

馬德里之遊

朝越庇里牛斯峰，(一)

午遊馬德里皇宮；(二)

普拉美館鬥牛士，(三)

歌舞佛萊明哥風。(四)

註：

(一) 2002年九月十八日至二十一日，我偕內子，得長女彥明與女婿陪侍，自荷蘭飛越庇里牛斯山（Pyrenees）海拔三千四百公尺。往遊西班牙首都馬德里。

(二) 馬德里皇宮（Madrid palace）；位南歐西班牙首都，馬德里皇宮十一世紀為行宮。1156年擴建極盡奢華，1734年遭火燹焚燼。現在皇宮乃1742～1764年間重建，有二百多間廳室（對外開放十二間），每間華麗精緻。尤以卡洛斯三世寢宮、鏡室、接見大廳，最為豪華。

(三) 普拉多美術館（MUSEU DEL PRADO）展出世界最著名、最豐富的珍品。可與法國羅浮宮媲美。

(四) 佛萊明哥舞（Flamenco），興起於十四世紀。發展創造了深沉、痛苦、激烈、華麗的藝術舞蹈，融合眼神、手臂、腰軀及腳點的動作，並配合燈光、音樂的節奏，給予觀眾非常強烈的感受。

國家圖書館出版品預行編目

浮生遊蹤 / 丘瓊華著. -- 一版. --臺北市 :
秀威資訊科技, 2007.10
面 ; 公分. --(語言文學類 ; PG0156)

ISBN 978-986-6732-26-3(平裝)

1.世界地理 2.遊記

719.85 96019824

語言文學類 PG0156

浮生遊蹤

作 者 / 丘瓊華
發 行 人 / 宋政坤
執行編輯 / 林世玲
圖文排版 / 陳湘陵
封面設計 / 蔣緒慧
數位轉譯 / 徐真玉 沈裕閔
圖書銷售 / 林怡君
法律顧問 / 毛國梁 律師
出版印製 / 秀威資訊科技股份有限公司
台北市內湖區瑞光路583巷25號1樓
電話：02-2657-9211 傳真：02-2657-9106
E-mail：service@showwe.com.tw
經 銷 商 / 紅螞蟻圖書有限公司
台北市內湖區舊宗路二段121巷28、32號4樓
電話：02-2795-3656 傳真：02-2795-4100
http://www.e-redant.com
2007 年 10 月 BOD 一版
2008 年 3 月 BOD 二版
定價： 300 元

・請尊重著作權・
Copyright©2008 by Showwe Information Co.,Ltd.

讀 者 回 函 卡

感謝您購買本書，為提升服務品質，煩請填寫以下問卷，收到您的寶貴意見後，我們會仔細收藏記錄並回贈紀念品，謝謝！

1.您購買的書名：____________________________

2.您從何得知本書的消息？

☐網路書店 ☐部落格 ☐資料庫搜尋 ☐書訊 ☐電子報 ☐書店

☐平面媒體 ☐ 朋友推薦 ☐網站推薦 ☐其他__________

3.您對本書的評價：(請填代號 1.非常滿意 2.滿意 3.尚可 4.再改進)

封面設計____ 版面編排____ 內容____ 文/譯筆____ 價格____

4.讀完書後您覺得：

☐很有收獲 ☐有收獲 ☐收獲不多 ☐沒收獲

5.您會推薦本書給朋友嗎？

☐會 ☐不會，為什麼？____________________________________

6.其他寶貴的意見：____

____

____

____

讀者基本資料

姓名：____________________ 年齡：______ 性別：☐女 ☐男

聯絡電話：________________ E-mail：____________________

地址：____

學歷：☐高中(含)以下 ☐高中 ☐專科學校 ☐大學

☐研究所(含)以上 ☐其他______________

職業：☐製造業 ☐金融業 ☐資訊業 ☐軍警 ☐傳播業 ☐自由業

☐服務業 ☐公務員 ☐教職 ☐學生 ☐其他__________

請貼
郵票

To：114

台北市內湖區瑞光路 583 巷 25 號 1 樓

秀威資訊科技股份有限公司　　收

寄件人姓名：

寄件人地址：□□□

(請沿線對摺寄回,謝謝!)

秀威與 BOD

BOD（Books On Demand）是數位出版的大趨勢，秀威資訊率先運用 POD 數位印刷設備來生產書籍，並提供作者全程數位出版服務，致使書籍產銷零庫存，知識傳承不絕版，目前已開闢以下書系：

一、BOD 學術著作—專業論述的閱讀延伸
二、BOD 個人著作—分享生命的心路歷程
三、BOD 旅遊著作—個人深度旅遊文學創作
四、BOD 大陸學者—大陸專業學者學術出版
五、POD 獨家經銷—數位產製的代發行書籍

BOD 秀威網路書店：www.showwe.com.tw
政府出版品網路書店：www.govbooks.com.tw

永不絕版的故事・自己寫・永不休止的音符・自己唱